JN088974

ジェントルウーマン

Le guide de la Gentlewoman

しなやかな
強さをつくる
A to Z

ヴァネッサ・スワード 著

山本萌 訳

かんき出版

「ジェントルウーマン」で
あるために

　わたしはずっと、自分は変わり者で、かっこ悪くて、周囲から浮いていると思っていた。

　風変わりな家庭で育ち、幼いころはいくつもの国に移り住んだ。思春期は、自分のアイデンティティとパーソナリティを再構築しようと必死だった。極度の恥ずかしがり屋だったわたしは、小さいときから外見のもつ力に気づいてもいた（母は外見に異常なこだわりをもっていた）。見た目を意識することで、内気な自分を奮い立たせてきたともいえる。

　手始めに、16歳のとき、ネズミのような茶色の髪の毛をミステリアスな黒に染めた（つもりだった。というのは、自分で染めたので大失敗。なんだか青く光ったような色になってしまい、取り返しがつかなかった）。まずは簡単なやり方で、自分の「ルックス」をつくりあげることにしたのだ。

　つぎに、日本人の親友のお父さんが着ていたビジネスマンジャケットを拝借した。ベルトの代わりにサスペンダーを使ってジャケットのウエストをぎゅっと締め、80年代に流行った「ファントメット」［女の子が主人公のフランスのアニメ］のような黒い服を合わせた。青白い肌に、唇には燃えるような真っ赤なリップ。これで、内向型人間にとっての悪夢、つまり他人と真正面から向き合うことができると思った。

　母は正しかった。人はスタイルや外見でいくらでも印象を変えることができる。こうしてわたしは、透明な存在から、80年代の有名クラブに集まっていたパリジェンヌのような注目される存在になった。

長いあいだ、わたしは２つの顔をもっていた。遊び心のある趣味の洋服と、着ることが義務づけられている学校の制服。それによってわたしはより強く、外見のもつ力に魅了されるようになった。

　わたしがファッションの世界に目を向けるようになったのも自然な成り行きだった。ファッションは女性たちを変身させ、「昇華」させ、自信を与えてくれる。ファッションにのめりこむようになったわたしは、給料の大半を洋服代に費やすようになった。

　21歳のときにシャネルで働きはじめた（面接官だったスコットランド人のクチュリエが採用してくれたのだ）。それから30年のあいだにわたしは大きく変わった。いまや、「ヴィンテージ」「ネオ・ブルジョワ」「フェミニン」と形容される女性像のお手本のような存在になっているらしい。なにせ、こうして本の執筆依頼が来るぐらいだ！

　でも、わたしにはためらいがあった。女性誌でこれまで取り上げられてこなかった新しいことについて書けるのだろうか？　考えた結果、この機会に、わたしのこだわりをとことん突き詰めたちょっと特別な世界を、みんなにおすそわけしたいと思った。そして、繊細な人間には生きづらく、勝ち気でないと成功できないファッションという世界で進化しつづけることの難しさを伝えよう、と。わたしはいつだって自分のことを、つねに控えめな表現をする、ほんの少し古くさい人間だと思ってきた。グレース・ケリーのような究極のジェントルウーマンが目指す本当のエレガンスとは、目立つことではなく、人々の記憶に残ることなのだ。

　まずしなければならなかったのは、共犯者を見つけること。わたしには外からの目がどうしても必要だと思えた。

　マティアス・デビューロー［フランスのジャーナリスト、作家、編集者］を選んだのは大正解だった。数年前、わたしの夫である音楽家のベルトラン・ブルガラの曲にマティアスがすばらしい歌詞を提供してくれたのがきっかけでわたしたちは知り合った。彼の知性と好奇心と想像力にはいつも驚かされる。わたしたちは、互いの世界を補い合うことで

完璧なものを生み出すことができると感じた。というのも、彼は見事な文章を書くだけでなく、ユーモアもあり、的確で俯瞰的な意見をもたらしてくれるからだ。

そうこうするうちに、世間から忘れ去られようとしているヒロイン像（わたしはこれを意識しすぎているかもしれないが）であるジェントルウーマンという概念が生まれた。

ジェントルウーマンの癖、優雅さ、そしてその伝説的な威厳を、自分自身の理想としてつくりなおすのはとても楽しい試みだった。

これは教科書ではなく（わたしはそういうものが大嫌いだ）、ちょっとした立ち振る舞いとアクセントによって毎日がよりよくなるためのアドバイスやエピソード、さらに「企業秘密」を集めた本である。

ちなみに、年代順やテーマ別に章を並べ、魅力的な章タイトルで読者を惹きつけるなんてことはやめて、シンプルなABC順を選んでみた。

La
Gentlewoman
Contents

ブックデザイン　相原真理子
校正　　　　　　円水社

ジェントルウーマンの

ABC

フロランス・デガが描いたヴァネッサ

LA GENTLEWOMAN

ジェントルウーマンとは

　ある言語学者によると、「ジェントルウーマン」は1230年ごろに英語圏で使われるようになった言葉だという。ちなみに、「ジェントルマン」という言葉が現れたのは、それよりももっとあとの1275年のことだ！

　英語の"gentry"と深い関係にあるこの言葉の語源は、優しさを意味する古フランス語の"gentelise"または"genterise"。ケンブリッジの辞書では、「ジェントルウーマン」は、上流階級出身の「優しく、礼儀正しく、誠実なお付きの女性」と定義されている。まさにイメージは、ウィリアム・サッカレーの『虚栄の市』（岩波文庫、中島賢二訳）に登場する、いつも上機嫌で感じのいい女性だ。

　ときに求人広告で募集されることもあるこの「真のレディ」は、親しみやすく、情緒が安定していて、柔軟な性格でなければならない。たとえそれがお付きの女性やメイドであったとしても、心優しい彼女たちの「育ちのよさ」と前に出ない謙虚さには親近感を覚える。ただし、自分のことを決して「ジェントルウーマン」とは言わない彼女たちのような謙虚さは、私にはないのだが。

　文学の世界ではいつも、ジェントルウーマンを体現する登場人物の魅力は、知性や才能ではなく、その従順さや柔軟さ、優しさをもって描かれる。それでも、わたしはそうした女性らしさを守りつづけようとする姿勢を無視することはできない。19世紀のアメリカの女性たちは、自らの富と人脈を駆使して、奴隷制度廃止運動や女性の権利獲得をはじめ、称賛に値するたくさんの考え方を推し進めた。ジェントルウーマンはこのような過激な女性闘士（パッショナリア）たちよりも、はるかに社会変革に貢献してきたといえるだろう。

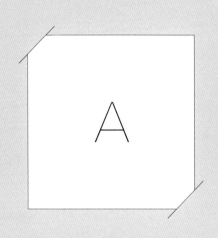

ALCOOL

アルコール

　ジェントルウーマンもみんなと同じように、お酒という悪魔の誘惑に負ける権利がある。ただし、ちょっとしたスタイルを保つという条件付きで。わたし自身はお酒に溺れたことは一度もないけれど、魅力的と思えるお酒好きの著名人は何人かいる。たとえば、女優のジョーン・クロフォード。彼女は晩年になってペプシコーラ社の経営者だったアルフレッド・スティールと結婚し、夫とともに商品の宣伝のために世界中を飛びまわった。良きにつけ悪しきにつけ、「ペプシ夫人」となったのだ。1964年のニューヨーク万博では、ペプシコーラ社がスポンサーとなったアトラクション《イッツ・ア・スモールワールド》を成功させるのに一役買った。そのあとすぐ、彼女の友人でもあったウォルト・ディズニーによって、このアトラクションはディズニーランドに移設される。そんな彼女の日課はその日の服と同じ布で覆った小瓶に入れたウォッカを飲むことだった。クロフォードのように堂々としていれば、アルコール依存も魅力のひとつになるかもしれない！

　ドラマ『ブルース一家は大暴走！』に出演している女優のジェシカ・ウォルターのように、ジェントルウーマンは、朝からウォッカのオンザロックを飲むことだってできるだろう。ただし、イギリス風のトーストといっしょであれば、の話だ。また俳優のダドリー・ムーアとデュエットを組んでいたイギリスのコメディアン、ピーター・クックは、ヘイグウィスキーを浴びるように飲みながら、自身のスタイルと品格を保つ方法があることを証明してみせた。

　優しさや明るさをお酒で誇張しすぎると、中途半端なジェントル
ウーマンに成り下がってしまう危険もある。映画『街の灯』に出てく
る大富豪のように。その大富豪は、酔っぱらうたびにチャップリン演
じる浮浪者を熱烈に家に招き入れるのだが、酔いが醒めたとたんに、
その新しい友人を追いだしてしまうのだ。

　歳をとれば、自らの判断でお酒を断ることもできるようになるだろ
う。アルベルト・アインシュタインがよい例だ。第一次世界大戦後に
ランスで催された昼食会で、彼は出されたシャンパンの香りを嗅ぐだ
けで満足し、仲間たちにきっぱりと言った。「わたしの脳が知的興奮
に酔いしれるのに、アルコールは必要ない」

AMERICAN GIGOLO

アメリカン・ジゴロ

筋 金入りの内向型人間であるわたしのインスピレーションの源は映画だ。お気に入り映画のリストを見れば、わたしの人生やスタイルの遍歴をたどることができるだろう。これまでの創作活動のすべてにその影響が表れているほど、深く感銘を受けた作品がいくつかある。なかでも、1980年に公開されたポール・シュレイダー監督の『アメリカン・ジゴロ』は特別だ。この作品で注目すべきは、ジョルジオ・アルマーニを一躍有名にしたリチャード・ギアのスーツ姿ではなく、イタリアのファッションデザイナー、バジーレがデザインしたローレン・ハットン［アメリカの女優。『アメリカン・ジゴロ』ではヒロインのミッチェルを演じた］の衣装である。そこに、当時のアメリカのデザイナーがけん引していたカジュアル＆シックスタイルの頂点が見られる。この映画全体を通して、ローレン・ハットンは、揺れ動く素材と統一されたトーンの色使いによって官能的な甘さを醸し出す「ベーシック」な衣装を身にまとっている。さらにその完璧なヘアスタイルと控えめなメイクは、40年経ってもまったく色あせることがない。そうした普遍性は、わたしのスタイルのテーマでもある。もっとも、たった10年前に撮った自分の写真を見て、「ああ、なんでこんな格好をしていたんだろう！」と思うこともあるけれど。

AMITIÉ

交友関係

メリカ人のユーモア作家いわく、「殺人事件の犯人の4人中3人は被害者の知り合いであることから見ても、交友関係は狭いほうがいい」。わたしはこの助言をないがしろにしているだけでなく、むしろあらゆる世代の友人と付き合うことでそのリスクを倍増させてきた。ジュリー・アンドリュースとキャロル・バーネット、あるいはベティ・デイヴィスとオリヴィア・デ・ハヴィランドなど、まったくタイプの違う女優たちのすばらしい友情に憧れることもあるが、一方で、自分より若い世代や、逆にかなり年上の人との付き合いが刺激的

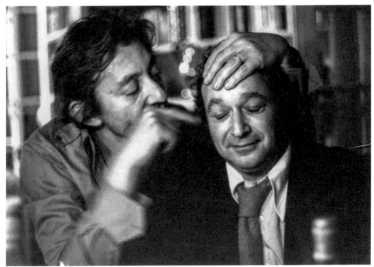

ジャック・ヴルフソンとセルジュ・ゲンズブール

に思えることもある。だからといって、誰でもいいというわけではない。たとえばティーンズでも、若者のあいだでカリスマ的存在のナイン・ドゥルソや、歌手のカリプソ・ヴァロワなら、またいっしょに午後を過ごしてもいいと思えるだろう。そして、遅咲きの友情もある。ジャック・ヴルフソンは、ヴォーグ・レーベル［フランスのジャズの名門LPレーベル］の元アーティスト・ディレクターで、ジョニー・アリディ、ジャック・デュトロン、フランソワーズ・アルディなど数々の才能あるアーティストを発掘した人物だ。彼は「少々」気難しい人だったが、わたしは友人として、ヴルフソンにかぎりない賞賛と愛情を抱いていた。また、サイレント時代に活躍した女優グロリア・スワンソンのようなジェントルウーマンは、お世辞や調子のいいことしか言わない取り巻きなんぞは相手にせずに、辛辣で遠慮のない人を好むものだ。大事なのは、つねに片足を現実の世界に置いて、反対側の世界に転ばないようにすること。長続きしない友人関係はやめたほうがいい。親切心だけで保てる友情などめったにないのだから。

ARMURE

鎧

選びぬかれた服は、世界に立ち向かうための堅実な鎧となる。作家のマーク・トウェインもこう言っている。「服が人をつくるのだ。裸の人間は社会にほとんど影響を与えない」。俳優のロジャー・ムーアは、イギリスにあるパインウッド・スタジオの食堂でスーパーマンの衣装姿のクリストファー・リーヴに遭遇したときのことを自身の回想録で語っている。その日、彼は熱烈な大勢のファンに追いかけられていたが、無視していた。ところが翌日、リーヴがクラーク・ケント［スーパーマンが一般人の姿をしているときの名前］の衣装でその食堂にふたたび現れたときには、誰も彼に気づかなかったという。また、歌手のブライアン・フェリーが《ロキシー・ミュージック》というバンドでデビューしたときのエピソードも興味深い。デビューしたばかりの《ロキシー・ミュージック》のステージ衣装はどこか怪しげで、どちらかというと地味な印象だった。しかしこの「魅惑的」な衣装によって、彼らはロックスターの仲間入りをはたした。わたし自身、シャネルの本店で働いていたときに貸してもらった一枚のワンピースのおかげで、外見や服装がいかに人々を惹きつける武器になるかを実感した。それはウールでできたとてもシンプルなネイビーの細いストラップ付きのロングドレスで、カッティングがあまりに素敵だったのでどうしても着たくて、借りたのだった。

『スーパーマン』のスタジオセットでのクリストファー・リーヴ、1978 年

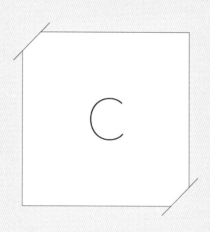

CHARME

魅力

フ　ァッションの世界で働いていると、世界中のきれいな女の子た
　ちに出会う。写真でファッションモデルを選ぶのは難しい。と
いうのも、わたしはいつも、写真だけではわからない要素、つまりそ
の人の魅力(シャルム)を見つけようとするからだ。魅力は不完全な者たちの復讐
とみなされ、身体的な不平等によって正当化される。またほとんどの
場合、ひとつまたはいくつかの欠点から発せられる魅力は、いくつも
の不完全によるある種のハーモニーによって、その女の子に親近感を
もたせたり、最高の女性にしたり、運命(ファタル)の女性にしたりする。わたし
がこれまで幾度となく言ってきたように、美人がいちばんモテるとは
かぎらないのだ。

　ジョーン・クロフォードは言った。「美しく整った顔立ちは、ただ
つるっとしているだけで退屈なこともある」。反対に、自分の特徴を
際立たせている女性はすごく魅力的に見える。欠点を隠す必要はな
い。自分の魅力に周囲の注意を惹きつけることで、どんな欠点も受け
入れられるようになるからだ。バーブラ・ストライサンドは映画業界
の圧力にも負けず、大きなワシ鼻を整形しようとはしなかった。その
代わりに、彼女は歌いながらいつも美しい手に注意を向けさせるよう
にしていた。オマル・シャリーフは映画『ファニー・ガール』の撮影時、
エージェントに電話して、「こんな不細工な女優とは共演したくない」
と訴えたという。だが、ブロードウェイで人気上昇中だった彼女の才
能を知って安心したシャリーフは、撮影を再開させた。そして、日に
日にバーブラに魅了され、二人はついに恋に落ちた。

奇抜で魅力的なスタイルで注目されたファッションデザイナーの
ポーリーン・ド・ロスチャイルドは、チャームポイントの目を強調す
ることで、小さなあごと長い首を目立たなくさせていた。彼女は、大
柄な女性がうとまれた時代にあっても、自分の体格を隠そうとせず、
イヴ・サン＝ローランの最も大胆なデザインのドレスを着こなし、
その類いまれな脚をうまく見せる術を知っていた。そういう女性たち
こそが「魅力的」と言われる。彼女たちのちょっとした欠点は、時に
鼻持ちならない美人特有のナルシシズムを帳消しにし、より際立った
個性が「魅力」という座を奪ってしまうかのように。自分は「完璧」
という（誤った）基準に達していない、と絶望しているすべての女性
たちに告ぐ。他人との違いを大事にし、自分の個性を受け入れよう！
「魅力的な女性」を目指すのだ。

バーブラ・ストライサンドとオ
マル・シャリーフ：彼女の鼻は
整形された鼻よりずっと魅力的
だ

CHAUSSURES

シューズ

1 960〜70年代に「鉄の蝶」と呼ばれたフィリピンのファースト
レディ、イメルダ・マルコス。彼女は「3,000足も靴をもって
いたなんて嘘よ」と強く主張していたが、実際にはわずか「1,060足
しかもっていなかった」という。しかし、最近のセレブのクローゼッ
トを見れば、この数字もさほど常軌を逸したものとは言えないかもし
れない。

　わたしに言わせれば、靴とはパワーと象徴を凝縮させたファッショ
ンの強力なアイテムである。これだけでじゅうぶんに説明がつくので
はないだろうか（絶対ではないものの、ほとんどそうだと思う！）。
わたしもかなりの数の靴をコレクションしているが、なかには一度し
か履いていない靴もある。魅力的なデザインとは裏腹に、ヒールが高
すぎたり、土踏まずのアーチが合わなかったりして、歩けなくなるほ
ど足が痛くなることもしばしばだ。そのせいで、楽しかったはずの夜
が台無しになったこともある。

　だから、ここ最近はスニーカーを履くことも多い。足は痛くならな
いし、何よりかっこいい。今日の高級ブランドを否定するつもりはな
いが、ブランドのマーケティング・マネージャーが戦略的にすすめて
くる商品を安易に購入するのをやめることにしたのだ。

　とはいえ、やっぱり夜のパーティにも心地よく履いていけるような
靴を見つけることがわたしの目下の課題であることは認めよう。そこ
で、いくつかの解決策を紹介したい。冬は、ブーツがおすすめだ。ヒー
ルが低かったとしても、シックでセクシーに見える。夏は、サンダル

やエスパドリーユを選ぼう。足全体を覆ってしまう靴よりローヒール
の素敵なサンダルを探すほうがずっと楽だ。マレーネ・ディートリッ
ヒにならって、どうでもいい靴を3足買うよりも自分に合った1足を
手に入れよう。靴はあなたのスタイルをリードしてくれるアイテムな
のだ。

「わたしの脚はきれいじゃないけれど、きれいに見せる方法は知って
るの！」と映画『ブロンド・ヴィナス』のなかでディートリッヒは言っ
た。脚を長く見せるには、脚と同じ色の靴を選ぶこと。夏は素足と同
じ色、冬はタイツと同じ色の靴がいい。シャネルはこの考えのもとに
つま先が黒いベージュのパンプスをつくりあげた。このパンプスは履
くと脚が長く見えることで有名だ。

CHEVEUX

ヘアスタイル

1 950年代、ウィンザー公爵夫人は1日に3回も髪をセットしていたという。朝、帽子をかぶる前。午後、買い物に行く前。夜、外出する前。わたしはいつも、大事なイベントの前日に美容院を予約することで、「外見」に対する不安を和らげてきた（わたしの髪はよく寝たあとにセットするときれいになる）。一時期、髪をうまくセットできないとすぐに美容院に予約を入れていたほどだ。髪の毛に対してウィンザー公爵夫人ほどの情熱はないにしても、自分の髪を誰よりもわかっている美容師のサロンに通うのがいちばんだからだ。

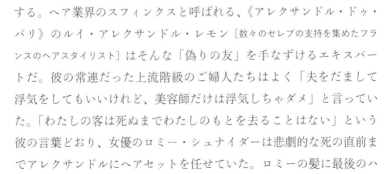

　歳をとるにつれて、わたしたちの髪は抜け落ちたり、白くなったり、弱くなったりする。ヘア業界のスフィンクスと呼ばれる、《アレクサンドル・ドゥ・パリ》のルイ・アレクサンドル・レモン［数々のセレブの支持を集めたフランスのヘアスタイリスト］はそんな「偽りの友」を手なずけるエキスパートだ。彼の常連だった上流階級のご婦人たちはよく「夫をだまして浮気をしてもいいけれど、美容師だけは浮気しちゃダメ」と言っていた。「わたしの客は死ぬまでわたしのもとを去ることはない」という彼の言葉どおり、女優のロミー・シュナイダーは悲劇的な死の直前までアレクサンドルにヘアセットを任せていた。ロミーの髪に最後のハサミを入れようとしたとき、彼女は腕につけていたヴァン クリーフ

&アーペルのブレスレットをアレクサンドルに手渡したという。

　また、美しく死にたいという願望を抱えていたジャーナリストの
カーメン・テシェールやモデルのキャプシーヌは、死の直前、アレク
サンドルのもとを訪れていた。男性歌手のマイク・ブラントも同じこ
とをしたというのだから、女性にかぎった話ではないのだろう。ルイ・
アレクサンドル・レモンこそ、究極のエレガンスを生み出す「人生最
期の美容師」である。

CHIRURGIE

美容整形

　服　装を変えるだけでじゅうぶんなのに、なぜ美容整形に手を出す
必要があるのだろう？　ファッション・ジャーナリズムの大御
所、ダイアナ・ヴリーランドはこう断言する。「妥当なクローゼット
の中身は、平凡な、あるいは恵まれない容姿の女性をも魅力的にす
ることができる」。そう、服のデザインがメスの代わりになるのだ！
あまり凹凸のない体形ほど見栄えよく見せるのが難しいということを
忘れてはいけない。一方で、体形に欠点があるからこそ、真の個性が
育まれるともいえる。作家のガートルード・スタインや編集者のダイ
アナ・ヴリーランドは、ファッションによって自分をつくりなおすこ
とができた女性の代表である。

　壮大な建造物には、目の錯覚が利用されてきた。パリのノートルダ
ム大聖堂の塔は、てっぺんに向かってだんだん細くなっていて、実際
よりも高く見えるようにつくられている。多くの庭園でも、奥行きを
感じさせるために同じような視覚効果が使われている。

　わたしにとってデザイナーのロリス・アザロは、女性たちの体形を
うまく隠し、シルエットを引き立たせるプロだった。彼の貴重なルー
ル、女性の体の欠点に言及するときのややあけすけな表現、そして彼
が提案してくれたアイデアをよく覚えている（次ページのコラム参
照）。

ロリス・アザロの掟

» 少したるんだ二の腕は「隠す」のが鉄則。

» 胴長の人は、服のウエストの位置を高めにすることで、脚を長く見せることができる。

» 脇の下の柔らかな肉（ロリス・アザロはその部分を「チューインガム」と呼んでいた）が飛び出るほどタイトなビスチェは避けること。

» 最も美しいのは、首の付け根から胸までのデコルテのライン。

わたしの個人的なおすすめ

» 首が短い人は、コメディエンヌのクローデット・コルベールのように白い襟の服を着ると、首が長く見える。

» モノトーンのドレスは、シルエットを引き締め、アクセサリーを目立たせてくれる（オールインワンも然り）。

» 体重が増えてしまったら、縦ストライプの服を着るとよい。きつかったり小さすぎたりする服を避け、太っていることが強調されるような服は選ばないように。

CHOC ESTHÉTIQUE

美的ショック

こ れは、いわゆる「センスのいい」人たちが醜いものや趣味の悪いものを目にしたときの動揺を表す言葉だ。しかし、わたしにとって、趣味の悪さはむしろ創作過程における重要な要素であり、恐れる対象ではない。スタッフたちにはいつも、わたしが完全に主観的な価値とみなす「センス」に対しては、許容範囲を最大限に広げることを要求するようにしている。わたしは2003年にロリス・アザロのメゾンを継いだ。アザロの作品のなかで最も影響を受けたのは、1970年代にデザイナーのラインハルト・ルティエとともに彼がデザインしたものだ。ラインハルトは、当時《クローデット》［フランスの歌手、クロード・フランソワのバックダンサーたち］の衣装もデ

ロリス・アザロの衣装を着たティナ・ターナー。マシューズ・アリーナ（旧ボストン・アリーナ）にて、1970年。ジェフ・アルバートソン撮影

ザインしていた。目がくらむようなキラキラのスパンコールとネック
ラインが、崇高ともいえるカクテルドレスにちょうどいいセクシーさ
をもたらしていた。その挑発的なアクセントがなければ、やや退屈な
ドレスになってしまっていたかもしれない。わたしがメゾンを任され
たとき、この悪魔的な魅力のあるデザインを自分流にアレンジした。
エレガントなお客様たちが、わたしのデザインで「魅惑の女」に変身
するのは大きな喜びだった。

著者ヴァネッサ・スウォードがデザインした《アザロ》のドレス、2005年夏。フィ
リッペ・ダ・ロシャ撮影

CIGARETTE

タバコ

妻のエレナ・ラロケ・デ・ロッフォとアンヘル・ロッフォ（左から3人目）。ブエノスアイレスの実験医学研究所（現在のアンヘル・H・ロッフォ腫瘍研究所）にて、1922年

わたしの曽祖父、アンヘル・オノリオ・ロッフォはアルゼンチンの偉大な医学博士で、1920年代の終わりにタバコのタールとがん細胞の生成の関係性を世界で初めて証明した人物だ。「タバコの通り道」（唇、舌、喉、頬、気管支など）にできるがん腫瘍は喫煙によるものだと明らかにしたのだ。曽祖父は著名な科学者たちに会うため頻繁にヨーロッパに行き、あのキュリー夫人と放射線の利用について意見を交わしたこともあるという。1950年代までの彼の詳細な研究は、タバコ産業にとって最大の脅威だったに違いない。現在も曽祖父の名前を冠した権威あるがん研究所が存在する。そんな曽祖父をもつわたしは、喫煙するときの仕草の美しさをどう讃えたらいいものか。わたしのタバコの消費量は女優のシモーヌ・シニョレのそれにはまだ遠く及ばないから禁煙する必要性も感じたことがないし、正直言って、水タバコや電子タバコ、ニコチンパッチやニコチンガムなどは好きではない。

　もし禁煙するなら、もっと昔ながらの方法をおすすめしたい。アメリカの俳優・映画監督のバスター・キートンは、タバコの量を減らすために、自宅のガレージにミニチュアの電車を走らせた。キートンの3番目の妻エレノアのアドバイスで、彼はタバコを入れた電車が彼の前を4回通過するごとに1本吸うことにしていたという。

CINQUANTE ANS

50歳

50 歳は、自分の内面を育んできた女性にとっては簡単に越えられる峠かもしれない。エヴァ・ガードナーやイングリッド・バーグマンのように、シンプルなメイクだけで自分の内側にある個性を表現した女優たちもいる。その一方で、恐ろしいほど容姿に「執着する」ジョーン・クロフォードのような女性もいる。「若く、細く、美しく（これはわたしの母の言葉だ）」見せることへの執着は、女性にとって地獄行きの片道切符だ。だから、自分から年齢を公言することをおすすめする。「お若いですね」と言われたいのなら、実年齢よりいくつか上の年齢を言うのもありだ。誰だって「くたびれた」40歳より、「イケてる」50歳のほうがいいでしょう？

ただし、女性らしさを完全に捨てた女性になってはいけない。第2の人生を楽しむ裏技としては、オーバーサイズのパンツやジャケットを男性たちから拝借して、体のラインをより「曲線的」に見せるという方法がある。穏やかに歳をとりたいのなら、女優のアリ・マッグローやダイアン・キートンのスタイルからインスピレーションを得て、襲いかかる50代に立ち向かおう。1960年代、ロリータとして名を馳せたジェーン・バーキンは、過去にしがみつこうとせず、歳をとっても無理に若づくりしようとはしなかった。そうやって初めて、自分自身を再発見し、新しい人生に立ち向かうことができるのだ。

オークの木は、成熟するのに50年ほどかかる。「50」というのは、多くのキャリアにとって飛躍を表す運命的な数字である。たとえば、ノーベル文学賞を受賞した、黒人文学の第一人者トニ・モリスンや

18〜19世紀のフランスの童話作家セギュール夫人、彫刻家のルイーズ・ブルジョワが実際に有名になったのは80歳を過ぎてからのことだ。

　わたしの場合、「最盛期」が完全に過ぎたと思うようになってから、自分の創作した作品がまわりの人たちや名高い雑誌から高い評価を受け、まったく思いがけないことに新たな飛躍ができた。こんなふうに、50代の女性はまだまだたくさんの可能性を秘めていたり、大きな力をもっていたりすることは見過ごされがちなのかもしれない。

COLLECTION

コレクション

20 歳のとき、ヴィンテージファッション界の女王でありフランスのファッション雑誌『パラススコープ』の元モデルでもあったアヌーシュカのショップで、生まれて初めて高価な服を買った。それが人生をかけたコレクションのきっかけになるなんて、そのときは思ってもいなかった。キャメル色のウエストがくびれたコートだった。誰がデザインしたものかはわからない。1カ月分の給料とほぼ同じ値段だったが（ありがたいことに分割払いにしてもらった）、試着してすぐに、このコートはわたしに個性とスタイル、さらなるパーソナリティを与えてくれ、それによって人生が変わっていくと直感した。知らないあいだに、チャールズ皇太子のモットーでもある「Buy once, buy well」、つまり「よいものを長く使う」という反浪費運動を実践していたのだ。本当に質のいい服を少しだけ買って、あちこち直しながら一生着つづけるという考え方である。それから30年、わたしは、デザインや裏地、袖、時には人生のある瞬間の思い出を大切にしたくて、たくさんの服を愛着をもってコレクションしてきた。

最近、アメリカのオークションハウス《ジュリアンズ・オークション》のカタログで、女優のグレタ・ガルボの膨大なコレクションを発見した。そのコレクションからは、数少ない隠し撮り写真ではわからなかった豊富さや洗練度、魅力が伝わってきて、とても驚いた。ガルボはハリウッド女優を引退したあと、できるだけ目立たないようにいつも中間色の同じ服を着ていたという。しかしその一方で、『ロバの皮』［シャルル・ペローによる童話。王から逃れるためにロバの皮をかぶり正体を偽って

暮らす王女が、偶然王子に見初められて結婚する] のように、宝物を隠しもって
いたのだ。

　いまわたしは、保管場所に困るくらい膨大な数になったコレクショ
ン専用の部屋を借りている。わたしがいままでにデザインした服、関
わってきた名門メゾンの思い出の服、そして新しい命が吹き込まれた
たくさんのヴィンテージ品でいっぱいだ。グレタ・ガルボと同じよう
に、普段は小さなクローゼットに収まる程度の同じ服ばかり着ている
わたしだが、このコレクションがあることで、自分の求める女性らし
さやセクシュアリティがいつもそばにあると安心できる。長期的に服
をコレクションしたいなら、自分のスリーサイズが変わらないように
することが鉄則だけれど。

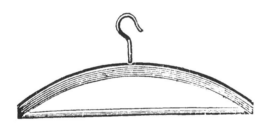

CONFIANCE EN SOI
自信

わ たしは自分にあまり自信がない。だから、自
信に満ちあふれている人は魅力的に見える
し、わたしが弱点を知っている人に対しては優しく
ありたいと思う。ファッション界のメカニズムのな
かで、時の人となったものの、翼が燃え尽きて、結
局はこの世界から姿を消してしまった優秀なデザイ
ナーを何人も知っている。時が経つにつれて、彼ら
はのけぞった態度で現実を見失っていく。ハイブラ
ンドのファッション業界が提供する銀のトレイにのった媚びへつらい
と自身のナルシシズムに酔いしれ、現実を見失って転覆していく彼ら
の姿を見てきたのだ。

その状態から無事に脱出するためには、とんでもないタフさと厳格
さ、謙虚さ、何が本当に大事なのかを見きわめるとぎすまされた感覚
が必要だ。「デザイナーとしてひとつのコレクションが成功したとして
も、つぎのコレクションで失敗すれば、すべてをやりなおさなけれ
ばならない」。ロリス・アザロがわたしに言った言葉だ。20世紀を代
表する画家のジョージア・オキーフは自分のキャリアを振り返って、
「あらゆる場面で恐怖を感じながらも、決して前進することをやめな
かった」と語った。つねに迷いと決意がわたしのなかでせめぎあって
いる。わたしのなかにはアングロサクソンのカルチャーが根付いてい
て、自虐的で、必ずしも他人からは理解されないユーモアのセンスを
もっているので、仕事のうえでもいろいろと苦労してきた（残念なが

ら、これについてはビジネススクールでは教えてもらえない）。

　50歳になると女性は老いの兆候を自信で埋め合わせる、というのは本当かもしれない！　本質だけに集中するために、多くの迷いや疑う気持ちを手放すのだ。そして何より、不安や自信のなさを克服するには、仕事をして、創造しつづけ、他人を助けること。そう、自己中心的な考えを捨てることが大事なのだ。

CONFORT

快適さ

現 | 代の女性が何かから解放されるべきだとすると、それは「外見」
という苦しみからの解放だろう。高すぎるヒールや真冬の素
足、血栓症になりそうなくらいきついジーンズの拷問はもう終わりに
しよう！　キーワードは「ウェルビーイング（幸福）」と「コンフォー
ト（快適）」。快適と怠惰をはき違えさえしなければ、大いに賛成であ
る。すべては程度の問題。どうやったら、自分の好きなようにしなが
らも魅力的なままでいられるのだろう？

　たとえば、気取った格好をしなければ人前に出られないといった上
流階級的な考えは、いまやまったくの時代遅れだ。現代の外出着の定
番には、（おそらく世界中ほとんどの国で）ジーンズとスニーカー、
またコロナによるロックダウン後は、ランニングウェアとビルケン
シュトックのサンダルも含まれる。

だらしなくならないための
7つのアドバイス

» スニーカーを履かない場合は、〈CHAUSSURES　シューズ〉の項を参照。

» ジーンズを穿きたいなら、セルジュ・ゲンズブールのようなオールデニムのコーディネートがおすすめ（ただし、シャツのボタンは開けすぎず、デニムのアウターは厳選しよう）。時代遅れなので、ピア・ザドラ［1980年代に活躍したアメリカの歌手］が穿いていたようなダメージジーンズは避けたほうがいい。かえって老けて見えるから。

» 下手なスウェットパンツをはくくらいなら、シックなパジャマのほうがマシ。

» 靴下にサンダルよりも、靴下にサボを履いたほうがいい。そのほうがおしゃれに見える。

» どんなにラフな装いでも、スカーフをプラスしよう。

» 服装がラフであればあるほど、メイクやヘアは完璧に。

» スポーツウェアは専門メーカーのものほうが、よりシックで機能的。都会で乗るオフロード車にも同じことが言える。

CONTRE-COOL
アンチ・クール*

いまや、誰もがクールでありたい、つまり上流階級特有の、肩の力の抜けたかっこよさをもちたがっているように見える。ファッションブランドは、センスのないスタイリストやアートディレクター、広報担当に予算をかけすぎている。クールであることにこだわるのは、結局のところ流行に安易に乗っているに過ぎない、むなしい努力である。必死でクールになろうとしている人ほどクールでない人はいないからだ。つまり、クールになろうとするのはクールじゃない。クールとは真逆でありながら、刺激的な人たちもいる。イギリスのアン王女、歌手のドリー・パートンやフリオ・イグレシアス……。もっと言えば、ダサいと思われているなかにもクールなものがあるかもしれない。どんなにクールを追い求めても、時間が経てば状況は変わるのだ。ラッパーのデイブもこう言っている。「最初はダサいと思われても、いつのまにかキッチュな存在になり、最後には信奉者が大勢できる」。この言葉は意外にも、ダサいと思われていたのに、没後にはカリスマ的存在となったダイアナ妃を思い起こさせる。

---

*ピエール・ロバン『l'esthétique contre-cool（アンチ・クールの美学）』（未邦訳）を参照。

COSTUMIER

衣装デザイナー

|わ| たしはずっと、映画の衣装デザイナーに憧れていた。衣装デザイナーの使命は、照明やカメラの動きと同じくらい重要な視覚効果を生み出すことだ。服を仕立てるのとは違う才能が必要である。たとえば、ガブリエル・シャネルがハリウッド映画の衣装を担当したのは、グロリア・スワンソン主演、マーヴィン・ルロイ監督の『今宵ひととき』だけである。美しく整った顔がまったく「映画的」ではないのと同じように、ハリウッドに爪痕を残すにはシャネルのスタイルは繊細すぎたのだろう（ただし、シャネルはアラン・レネ監督の『去年マリエンバードで』やルキノ・ヴィスコンティ監督の『ボッカチオ '70』など、ヨーロッパ映画の傑作でも衣装を担当している）。アルフレッド・ヒッチコックの衣装デザイナー、イーディス・ヘッドとは正反対である。

イーディス・ヘッドといえば、1958年の映画『めまい』の衣装がとくに印象的だった。人間の強迫観念とアイデンティティが描かれているこの作品で、マドレーヌ・エスター役を演じたキム・ノヴァクは一躍スターになった。ヒッチコックの作品は衣装もすべて計算ずくで、台本のほぼ全ページにわたって、とても細かく登場人物の服装についての指示が書かれていたらしい。ヒッチコック作品の衣装、スタイル、色合いの一つひとつすべてにはっきりとした理由があった。「ノヴァック演じる主人公のスーツの色は撮影前から決められていた」と何かで読んだことがある。ヘッドは撮影地に立ち込めていた霧のなかに浮かび上がる幽霊のような色という指示からヒントを得て、グレー

のスーツをデザインしたという。実際、ヒッチコックは脚本に"サンフランシスコの霧のなかから出てきたように見える女性"と書いていた。ノヴァックははじめ、動きにくいという理由でスーツを嫌がった。セクシーさに欠けるといわれていた彼女には、この超クラシカルなスタイルに洗練された魅力があるとは思えなかったのだ。しかし、結果的にグレーのスーツは作品のなかで最も象徴的な存在となり、この衣装のおかげで作品はいつまでも色あせないものとなった。まさに、アルフレッド・ヒッチコックのこだわりが生んだ結果である。その1年

シャトレ劇場で上演されたミュージカル『シェルブールの雨傘』のためにヴァネッサがデザインした衣装のスケッチ。2014年

後、ケーリー・グラント主演の『北北西に進路を取れ』が公開された。この作品に出演した女優のエヴァ・マリー・セイントは、数十年後、こう語っている。「どんな服でも、ちょっとした修正を施せば、いまも着ることができる」

Tenue N°7: "Manteau"

Vanessa Seward pour "Main dans la Main" de Valérie DONZELLI

Tenue N°5 "Ensemble
de Nuit"

Veste et pantalon de
Pyjama en soie marine
avec ganse et initiales
"HM" blanches.

ヴァレリー・ドンゼッリ監督
『Main dans la main』のヴァ
レリー・ルメルシェの衣装、
2012 年

Tenue N°2 = "Uniforme"

Charlotte Gainsbourg pour "Main dans la Main" de Valérie Donzelli

COUPLE

カップル

　　　　ップルというのは、時に、とても刺激的なインスピレーション
[力]　の源となる。互いのスタイルがぶつかりあい、混ざりあったと
き、爆発的な効果が生まれる。たとえば、ジャン＝ミッシェル・ジャー
ル［フランスの音楽家］とシャーロット・ランプリング［イギリスの女優］、ジュ
リー・アンドリュース［イギリスの女優］とブレイク・エドワーズ［アメ
リカの映画監督、脚本家］、ジェリー・ホール［アメリカのモデル、女優］とブラ
イアン・フェリー［イギリスのロックミュージシャン］。とくに、紳士的で牧
歌的な一面もあわせもつブライアン・フェリーは、ジェリー・ホール
と付き合っていたころが一番おしゃれで、全盛期だった。アーティス
トの黄金期とは、当時の恋人や仲間の傍らで放たれるオーラや品性か
ら推しはかることができる。俳優のテレンス・スタンプは、モデルの
ジーン・シュリンプトンと付き合っていた1960年代に黄金期を迎え
ている。彼はシュリンプトンと交際していた10年間、「ロンドンの顔」
と言われるほどの人気を誇っていた。また、スーザン・ソンタグ［ア
メリカの作家］とアニー・リーボヴィッツ［アメリカの写真家］、エレン・デ
ジェネレス［アメリカのコメディエンヌ、女優］とポーシャ・デ・ロッシ［オー
ストラリア出身のモデル］、エルシー・デ・ウルフ［アメリカの女優、インテリア
デザイナー、作家］とエリザベス・マーベリー［アメリカの演劇・文芸エージェ
ント］のような、女性同士のカップルから発せられる強い魅力にも注
目したい。自分のスタイルはもっているけれどファッションにこだわ
りすぎない相手をパートナーに選ぶこと。そのほうが、相手が自分の
影響を受けやすくなる。

男女のカップルにとって年齢差は非常にデリケートな問題である。アメリカで行われたある調査によると、男性の場合、自分の年齢を2で割って7を足した数が理想の相手の年齢なのだという。この計算からすると、わたしの理想の相手は80代以上ということになる！

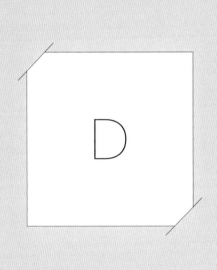

DAISY

デイジー

ピンクのキャンピングカーを乗りまわして、セクシーさを売り物にする美女を否定はしないが、わたしは小さいとき、バービー人形で遊ばなかった。その代わり、ミニスカートの生みの親であるイギリスのデザイナー、マリー・クゥントが1973年につくった《デイジー》という人形がわたしのお気に入りだった。デイジーの名前は、ブランドのロゴで使われている鮮やかなオレンジ色のひなぎく（デイジー）にちなんでつけられたものだ。当時の宣伝によると、デイジーは「世界でいちばんおしゃれな人形」だったらしい（笑）！　金髪に、大きな青い瞳。横目づかいでどこか恥ずかしそうなその表情は、幼いころのわたしによく似ていた。マリー・クゥントは毎シーズン、自分のコレクションと同じくらい丁寧にデイジーの洋服をデザインしていた。バービー

ヴァネッサが小さいときにもっていた人形のデイジーと、マリー・クゥントによるワードローブ

人形の選びぬかれたこのライバルこそが、わたしのファッションへの情熱を目覚めさせたといっても過言ではない。ほかのファッションアイコンと同じように、デイジーはいつも旅していた。ロンドン、タヒチ、シドニー、香港、モスクワ……。彼女は、その国にちなんだファッションで、《インターシティ》と呼ばれるスーツケースを片手に世界中を飛び回っていた。大人になっても、わたしはまだまだデイジーにはかなわない。

DÉCALAGE

ギャップ

わたしはよく、自分自身とまわりのイメージとのギャップに驚かされる。ジェントルウーマンたるもの、このギャップをうまく利用していかなければならない。女性はいつだって自分をよく見せたいと思っているが、つねに自分をよく見せようとしていると、ときどき真逆の結果を招いてしまうことがある。まだ娘のジャクリーヌが幼かったころのこと。ヴァカンスから帰ってくると、わたしたちは二人ともシラミだらけだった（子どもがいることで起こる、恥ずかしくなるほどリアルな二次災害だ）。その日の午後、おしゃれな美容オンラインマガジン『Into the Gloss』の電話インタビューが予定されていたのだが、わたしは洗面台の上でシラミ取り用のコームを片手に、お気に入りの美容製品をアメリカ人のインタビュアーに紹介するはめになった！

インスタグラムも同じだ。ＳＮＳ上のわたしたちはみんな、完璧な人の真似をしようとしては、結局、笑い者になってしまう。かっこいい人をわざと真似て800万人ものフォロワーを笑い死にさせているセレステ・バーバー［オーストラリアのインスタグラマー。おもしろ動画などをアップしていることで有名］みたいなものなのだ。

アメリカのすばらしい女優であったリタ・ヘイソースは５回結婚し、「男たちが恋をするのは自分が演じた《ギルダ》［1946年公開、アメリカ映画『ギルダ』の主人公］であって、あとから不幸にもわたし自身はギルダ

とは別の人間だと気づくことになる」と嘆いたという。プライベートでもつねに注目を浴びることに執着していたジョーン・クロフォードとは正反対である。ジョーンは、ひとりでランチをするときでさえ、外に出るときはいつも違う服を着るようにしていたそうだ。この二人のスターの娘たちの証言を参考にすれば（とくにクロフォードの娘、クリスティーナ・クロフォードの著書を読めば）、二人の人生のどちらがいいか迷うこともないだろう。晩年のクロフォードは頭がおかしくなるほど、つねに完璧を追い求め、何も妥協することができなかったというのだから。

DERNIÈRES VOLONTÉS

最期のこだわり

ジェントルウーマンの心得に、「旅立つときにはおしゃれをする」というのがある。最期の旅路も、お気に入りのブランドのドレスを着るのがお決まりだ。キャサリン・ウォーカーのデザインしたドレス姿で埋葬されたダイアナ妃、アザロのドレスを着て最期を迎えた歌手のダリダ。アメリカの社交界の花形だったモナ・フォン・ビスマルクが最期に着ていたドレスはジバンシィだった。また、「ヴァレンティノのドレスを着て、ハリー・ウィンストンに足の指にかける死亡証明タグをつくってもらいたい」と遺言を遺したジョーン・リバーズのような人もいる。

　自分の葬儀についてあらかじめ細かく決めている人もいる。アメリカの社交界の名士、ベーブ・ペイリーは肺がんを患っていたが、生前、最期のセレモニーを夏に死んだ場合と冬に死んだ場合の2つのバージョンで用意していたそうだ。その際のコース料理のメニューまで2種類決まっていたという（彼女のお気に入りの白ワイン、ドゥ・ラドゥセットのプイィ・フュメ［フランスのロワール地方で19世紀からワインをつくっている名門一族、ドゥ・ラドゥセットの白ワイン］は必須だった）。そして、その両方の場合に備えて、自分が遺していくジュエリーやプレゼントを、色とりどりのおしゃれな包装紙でラッピングまでしていたというのだから驚きである。

最期のこだわりのために

- イギリスの著名なインテリアデザイナー、デイビッド・ヒックスは、自分の棺をデザインしたことでも有名だ。地球環境に気を配りたいのなら、軍服姿の軍人たちに担がせたおしゃれな籐の棺を用意したマウントバッテン夫人にならってもいいだろう。

- エルシー・ド・ウルフは、夫のチャールズ・メンドル卿が死んだとき、カルティエのレターセットを使って訃報を送ったという（ただし彼女の希望で、お葬式も偲ぶ会もなければ、花も飾られなかった）。

- ジェントルウーマンなら、クールに見せかけた流行りのプレイリストは忘れて、静かな音楽を選ぼう。葬儀の際にフランスの軍隊が演奏する音楽「死者の音」は最適だ。

- 最後に、本当の安らぎを求めるのなら、ジョルジュ・クレマンソーのこの言葉を思い出そう。「本当に必要なものは自分だけ、あとは何もいらない」

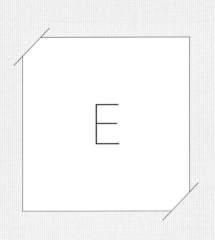

EFFORTLESS

努力しない

自分のスタイルをつくるのに努力は重要ではない。少なくとも、努力していることがばれてはいけない。努力しないことが、エレガンスの心持ちともいえる。長時間熟成させ、そのせいでマンネリ化してしまうレパートリーとは真逆で、スタイルは自然とあふれ出るものだ。だからこそ、イメチェンは失敗することが多いのだ。あ

まりに一生懸命なイメチェンは、たいていの場合、やりすぎて品がなくなる。つくられすぎた見た目ほど最悪なものはない。2012年、フランス大統領選挙戦のときのセゴレーヌ・ロワイヤル［フランスの政治家］を思い出してほしい。あの、派手すぎる演出！ 作

自分らしさを大事にしたファッション。1970年代のオードリー・ヘプバーン

家のスタンダールはこんなことを言っている。「いま、できるだけみんなを喜ばせたいなら、20年後には笑い者になることを覚悟しなければならない」

　だからこそ、肩の力を抜いて、自由にエレガントであるべきなのだ。さりげなさこそが、優雅さをもたらす。ちょっとしたことが大事である。たとえば普段いっしょにしないものを合わせると、とてもかっこいい。いかにもつくられたものではなく、さりげなく、さりげなく。まるで服があなたの上に降ってきて、自然にすっと腕が通ったみたいなさりげなさが重要だ。服を着たら、もう服のことは忘れるべし！アメリカの女優パトリシア・アークエットはかつて、「レッドカーペットや映画祭は、どれも上品さを競うドッグショーみたいなものよ」と語った。どんなイベントのときも、服を着たら鏡を見て一瞬で判断する。10分でコーディネートを完成させよう。あなたの直感を信じて！

EMPATHIE

共感力

「共感力」という言葉があるが、残念ながら真の「共感力」をもっ
ているジェントルウーマンは半分ぐらいしかいないだろう。共
感力とは他人の経験をまるで自分のことのように感じる力。イギリ
スの心理学者サイモン・バロン゠コーエン［イギリスのコメディアン、サ
シャ・バロン゠コーエンの従兄弟に当たる］は、40年も人間の「共感力」につ
いて研究してきた。彼は、共感指数（ＥＱ）を測定するテストを生み
出し、著書『Zero Degrees of Empathy: A new theory of human cruelty
and kindness』（未邦訳）の最後で紹介した。このＥＱという指数で、
シリアルキラーやナチスの犯罪者を見きわめることができるという。

　念のため、わたしもテストを受けてみたのだが、結果、ＥＱ指数が
「とても高かった」ので心底安心した。服のデザインをするときは、
クライアントの希望や感情を汲み取ることが何よりも大事なのだ。世
界一幸せな国と言われるデンマークでは、6歳から16歳までの子ど
もたちは共感力の授業を受けることが義務づけられている。ファッ
ションスクールにこそ、共感力の授業が必要ではないだろうか？　デ
ザイナーのなかには、この服を着るのは動くマネキンとしか思わず、
実際の着心地や快適さを重要視しない人もいるようだから。

ERREURS DE JEUNESSE

若気の至り

ヴァネッサが「バッドボーイ」にハマるきっかけとなったセルジュ・トロイ役のテレンス・スタンプ。ジュリー・クリスティとともに

た くさんのジェントルウーマンが、まずは「バッドボーイ」まがいに引っかかる。バッドボーイたちは、一見、スマートで退屈な紳士よりずっとエキゾチックだからだ。

ドミニカ共和国のプレイボーイ、ポルフィリオ・ルビロサなど、長年のさばってきたバッドボーイの犠牲となった女性たち（ドリス・デューク［アメリカの園芸家、美術収集家］、バーバラ・ハットン［アメリカの富豪］など）もいる。悪評がさらに彼らに悪魔的な魅力を与えてしまうのだ。誘拐犯と恋に落ちた富豪のパトリシア・ハースト、フランスの銀行家フィリップ・ジュノーと結婚して世間を騒がせたモナコの公女カロリーヌ・グリマルディ、さらにその妹のステファニーは俳優のアントニー・ドロンや実業家のジャン＝イブ・ル・ファーと交際してゴシップ誌の的になった。

わたしのバッドボーイ好きは、おとぎ話に登場するオオカミに惹かれたことから始まった。クリストファー・リーが演じたドラキュラや、ジョン・シュレシンジャー監督の映画『遥か群衆から離れて』（1967年）のテレンス・スタンプ、さらにはデヴィッド・ボウイ、ブライアン・フェリー……。わたしの「興味深い」過去をお話しできれば、その悪趣味の変遷をいくらでも披露できるのだが。ただ、いかがわしい人たちと付き合っていたからといって、最後はわたしのように、より素敵なジェントルマンであるミュージシャンと結ばれることもないとは限らない。

ESSAYAGE

試着

自分の見た目だけで値踏みされそうなパーティーの前日の不安は、どうやったらぬぐえるだろう？ 心配になりはじめたら、着ていく予定のドレスを試着してみる。そうすれば気持ちが落ち着くはず。それで自信がつくなんて少し子どもっぽく思えるかもしれないが、高級ワインと同じように、服も「室温になじませる」ほうがいいのだ。新品の服ならなおさら、着なれている感じを出すことが大事である。アメリカの俳優フレッド・アステアはこなれ感を出すためにやや乱暴なやり方を実践していた——新しいスーツを丸めて壁に投げつければ、一晩で着古したスーツになる。これが服の手なずけ方だ。そうすれば、服も誰が主人かがわかり、しっかりとフィットしたものになる。

ETHNIQUE

エスニック

シ ョッピングは、ジェントルウーマンの暇つぶしではない。ただ
し、旅行中を除いて。旅先で出合うエスニックな服やアクセサ
リーは、旅の記憶と結びつくことでよりかけがえのないものとなり、
いつもと違う雰囲気を演出してくれる。石油富豪からファッションア
イコンになったミリセント・ロジャースは、エスニック・アイテムに
とくに優れていた。3度の離婚、そしてアメリカの大物俳優クラー
ク・ゲーブルとのつらい別れのあと、ロジャースはニューメキシコ州
タオスに移り住み、自分のスタイルを確立し、刺激的な世界をつくり
あげた。現地の民族衣装にインスパイアされた彼女は、いつも、デザ
イナーのチャールズ・ジェームスにつくらせたタフタのペチコートと
シンプルな白いシャツ、そして本物の金でつくられたエスニックなア
クセサリーをたくさん身につけ、冬になるとよくチロル風の服を着て
いた（最初の夫であるオーストリアの伯爵の影響だ）。また、社交界
の有名人だったジャック・ド・バシェール［フランス領インドシナ生まれの
貴族の末裔。カール・ラガーフェルド、イヴ・サン＝ローランのパートナーとしても有名］
は、あの伝説的なディスコ《パラス》に現れたとき、超シックなスー
ツのジャケットにバイエルン地方の革のハーフパンツ《レーダーホー
ス》を合わせていたという。

わたしのコレクションには、母方の祖母が旅先で集めた1940年代
のチャイナ風のジャケット、アルゼンチンの手作りのベルト、刺繍の
入ったスカートやポンチョなどエスニックなものがたくさんある。エ
スニック・アイテムをファッションにうまく取り入れるコツは、モダ

ンかつニュートラルなものと合わせること。

　ただし、エスニックな服装は飛行機の旅に耐えられず、フランスに帰ったとたんにその魔法が解けてしまうこともあるのでご注意を。長時間のフライトを耐え抜いて移住してきたエスニックなアイテムはこちら（次ページのコラム参照）。

わが家に移住してきた
エスニック・アイテム

» ドイツ：アメリカの歌手、エイプリル・マーチのようなチロル風の服。娘のジャクリーヌが幼いころ、年末になるとよくこれを着せていた。

» モロッコ：ジュラバと呼ばれるフード付きのロングケープ。現地ではジュラバのほうが快適に過ごせるし、男性でもおしゃれに着られるのでおすすめだ。

» メキシコ：刺繍の入ったブラウスとワンピース。もし、ホセファ（1964 年、『イグアナの夜』にリチャード・バートンが出演した際、撮影に同行したエリザベス・テイラー［リチャード・バートンの元妻］に発掘されたメキシコ人デザイナー）のアイテムに遭遇したら、迷わずゲットすること！

» イタリア：ヴェネツィアのゴンドリエシューズ［ゴンドラの船頭が履いているスリッパのような靴］。室内で履くとより素敵に見える。

» スウェーデン：サボ、靴下、ポシェット、革製のサンダル、柄物のケープやカーディガンなど。

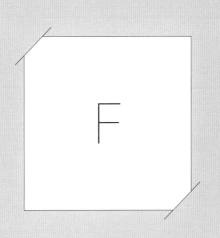

FEMMES DE POUVOIR

女性たちの力

「『自分のドレスは知的な女性しか着ない』と言っていた女性デザイナーがいたな。もちろん、彼女は破産したけれど」。これは、カール・ラガーフェルドの手厳しい言葉だ。わたしはたとえ破産する可能性があっても、知的な女性、とくに強い女性たちがわたしの服を着てくれることを恐がったりはしない。フェミニズムは、まったく女性らしさの敵ではないのだから。だからこそ、わたしはパワーのある女性たちに大いに魅力を感じる。時にやりすぎてしまって、代償を払うこともあるけれど。「人々のためよ！」と言って自分の服の値段を正当化したエビータ・ペロン［アルゼンチンの女優、政治家。アルゼンチンのペロン元大統領のファーストレディ］のような女性もいる。

1980年代、ビジネスウーマンたちのスーツの肩が四角かったのは、男性たちの真似をしていたからだ。いまや新しい「ワンダーウーマン」たちはより女性らしさを受け入れながらも、フランス流のエレガンスも求められている。これにはなかなかデリケートな采配が必要だ。古いルールから解放される方法を見つけなければならないのだ。生涯、シャネルのスーツを着つづけたフランスの政治家、シモーヌ・ヴェイユを見てみてほしい。シャネルのガロン［縁飾り］付きのツイードジャケット以外のものをちょっとでも着ようものなら、何か特別な思惑があるのではないかと思われてしまうほどだった！

若い女性の文化大臣や、大企業の経営者たちにアドバイスする危機管理の専門家などのファッションを任されたわたしは、地雷原に立ち向かわなければならないようなものだった。現代の「ワンダーウーマ

ン」たちは、「おしゃれなパリジェンヌ」「ファッショニスタ」といった浅はかなレッテルを貼られたくないと思っている。もっと真剣に評価されるべき存在なのだ。重要なのは個性を引き出すこと。服によってその人の影が薄くなってしまうのでは失敗だ。ドレスが美しいと思われるのではなく、着ている人が美しいと思ってもらえればそれでいい。

　バーの歌姫たち、偉大なオークショニア（競売人）、影響力のある編集者、そしてニューヨーク・タイムズ紙の優秀な戦場ジャーナリストであるジャニーン・ディ・ジョバンニに至るまで、みんな前線に行く勇気を与えてくれる服を求めている。まるで、数多くの経験を積みながらも、何度もパリ・オランピア劇場の舞台に挑戦しつづけたシルヴィ・ヴァルタンのように。彼女たちには、つけていることを意識させない鎧が必要なのだ。ファッションデザインというエキサイティングな創作活動は、いつも病弱で恥ずかしがり屋だった昔の自分に立ち返らせてくれる。そして、白鳥へと進化する女性たちを奮い立たせる黄金の鍵を密かに与えてくれる。

FIORUCCI

フィオルッチ

12 歳でパリにやってきたわたしは、自分の部屋にさっそくフィオルッチのポスターを飾った。姉たちの影響だ。当時、エリゼ宮から目と鼻の先にあるシルク通りという非常にブルジョワ的なエリアにあったわたしの部屋は、そのポスターのおかげでディスコのようだった。二人の天使がシンボルのこのブランドは、1967年にエリオ・フィオルッチによってつくられ、ニューヨークの東59番街にかまえた旗艦店は「昼間の《スタジオ54》[70年代に一世を風靡したアメリカの伝説的ナイトクラブ]」と呼ばれるほど人気があった。

1980年代前半、マドンナの弟がニューヨークのフィオルッチのショップ店員として働いていたことでも有名である。ウィンドウには、スペインの画家アントニオ・ロペスのアートワークが、広告にはイタリアの写真家オリビエーロ・トスカーニの写真が使われていた。そして、当時のクリエイティブ・ディレクターは、マドンナのスタイリングを手がけていた宝石デザイナーのマリポルだった。ジャクリーン・ケネ

フィオルッチのショッピングバッグ

ディ・オナシス、ローレン・バコール、イヴ・サン＝ローラン、グレタ・ガルボ、シェール、エリザベス・テイラー、アンディ・ウォーホール、スペイン国王など、数多くの著名人が足繁く通ったニューヨーク店は、ファッションと音楽を融合させた異空間だったという。そんな店にわたしも一度は足を踏み入れてみたかった！

　でも、ロンドンとパリのレ・アールにあったフィオルッチのショップにはしょっちゅう通っていた。ポリウレタン混紡のストレッチジーンズ、タイトなアシンメトリーのトップス、ピンクのミニスカート、当時流行っていたカモフラージュ柄やヒョウ柄（いまから20年前、エルザ・スキャパレッリによってつくられた柄だ）、シノワ風のベルベットのスリッパ、そしてアフガンコート。わたしはエリオ・フィオルッチのブランド哲学を全面的に支持している。彼は雑誌『ＩＤ』のインタビューでこう語っている。「わたしはどんな人にも、求めているものを見つけ、満足し、お金をかけずに欲しいものを確実に手に入れて欲しいと思っている。結局のところ、この世界でいちばん大切なのは、愛されることだからだ。人間の最大の欲求は『愛されること』なのだ」

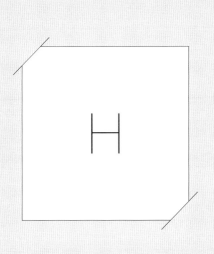

HELENITA

エレニータ

母はわたしの最初の憧れだった。わたしのファッションに対する情熱は、母から受け継いだものだ。母は、無礼で傲慢な態度をとっても許されてしまうほど美しい女性だった。母の名前はヘレナだが、アルゼンチン人が昔からよく呼んでいるようにエレニータ（小さなエレナの意味）という名前以外では呼ばれたくなかったようだ。わたしは母から、重要なのは外見だということを早くから教わった。自分磨きにエネルギーを注ぐ母の姿に小さなころから魅了されていた。

妙にエキセントリックな母のスタイルは、自分がまわりから注目されなくなるのではないかという恐怖心の裏返しだった。わたしはよく、長い時間をかけて、夢と幻想を与えてくれる母の部屋で、彼女の自信と魅力となる鎧でもあった母の宝物をあさったものだ。1960年代にリバプールで美術を学んだ母は、ボヘミアンの精神を大切にし、平凡さや保守的な考えを嫌った。まったく個性のない人をよく「ウィッシィ・ワッシィ（はっきりしない人）」と呼んでいたので、わたしはずっと、自分は母をがっかりさせるようなつまらない人間ではないだろうかと不安だった。

わたしがよく70年代に懐かしさを感じるのは（無意識なこともある）、まさに母が輝いていた時代だからだろう。母にとって70年代は黄金期。母いわく、「その時代は、誰もが、何もかもが、自分の思いどおりだった」そうだ（その後は離婚や不運が重なっていろいろ大変だったみたいだが）。

そんなわたしも、イギリスのコメディ番組『アブソリュートリー・

ファビュラス』のエディナの娘サフロンのように、普通の母親になるのを夢見ていたことがある。自分の無鉄砲ぶりを補うために、いつも完璧以上のものを目指していた。わたしにもエレニータ、つまり母に似ているところがある。とくに、気ままな性格は母譲りだ。

母のエレニータ。ロンドン、セント・ジョンズ・ウッドの自宅にて、1978 年

In the gaucho outfit that caused so much trouble

The twenties look

The film star look

The feather look

The hostess look

The five faces of Mrs. Helenita Seward . . .

A FASHIONABLE St. John's Wood street lined with trees and a house with one of those blue plaques that denotes the life and death — or both — of the famous. My hostess pours tea from a silver teapot and chats in an impeccable upper-crust English accent. But there the Britishness stops. Our conversation is interrupted by the telephone . . . a long stream of Spanish . . . bills of lading . . . ship's manifests . . . a sheaf of papers falls to the floor. But everything was in hand. With the absence of husband Antonio (Minister-Counsellor for Economic and Commercial Affairs at the Argentine Embassy) in Geneva, Helenita Seward was organising the family's removal home.

Two days earlier the room in which we were talking had been transformed into a pirate's den for her son's birthday party.

The Sewards had been in London nearly seven years. Now it was time to go home. In that time Helenita had been hung (literally) in the National Gallery with her children in a painting by John Ward; scandalised her embassy by appearing in a newspaper advertisement dressed as a gaucho; taken part in a film to sell British tourism abroad; appeared in sundry gossip columns and given birth to a son "on the National Heath".

Helenita says she is a contrived extrovert. "I learned to be tough in America. If you're not anyone important and haven't any money, no one cares about you. I had a protected childhood and was very shy and spoke with a stutter. So I had to learn to survive."

To help her husband through university in California, she scrubbed floors. As one who has been such a social success in London and included Lord Snowdon, Dame Margot Fonteyn, and Mrs. David Owen among her aquaintances, what advice would she give any newcomer to London?

"Be yourself," says Mrs. Seward. "Don't aim at being just another little embassy wife. If you're different and people like you, then you've done something for your embassy and people will remember your country. But that doesn't mean going overboard . . ."

Now she's going home, to wait for another posting, making no secret of the fact she hopes it will be Britain again . . . but next time as the ambassador's wife.

The Sewards' four children: Francine, Caroline, Vanessa and Anthony.

大使館報に外交団のひとりとして載った母エレニータ。ロンドン、1978 年

ミュージカル『エビータ』の劇団のために開かれた夜のパーティーに出席した母エレニータと母の「いたずらな従兄弟」ジェフリー・オズボーン・カウパー＝コールズ。ロンドンにて、1978 年

HIGH-MAINTENANCE

ハイ・ホスピタリティ

デ　ザイナーやセレブリティがわがもの顔で振る舞うことは、わたしにとってはずっと理解しがたいことだった。それは、洗練されているように見えることもあるものの、いまや時代遅れだ。これまで、ファッションの世界でデザイナーやセレブが自分勝手な王様のように権力をふるうところを何度も目にしてきた（自分の部屋の前は音を立てて歩くなと言いながらスタッフの女性全員にヒールを履けと命じたり、自分が到着する前にホテルのスイートルームの電球を取り替えておくように言ったり……）。残念なことに、こうしたくだらない要求は加速傾向にある。たいした根拠もないのに、レストランでこの食べものは受けつけられないとか、アレルギー物質が含まれているなどとむやみにまくし立てる。注文するついでに、その店の「意識の高さ」とやらをテストしているつもりなのだろう。

だがこれは、真のジェントルウーマンがとるべき態度とはいえない。ジェントルウーマンに大事なのは共感力や相手を思いやる気持ちだ。世界で最もエレガントな女性として知られる社交界のベーブ・ペイリーは中国を旅したとき、荷物持ち係が老女だとわかったとたん、自分で荷物を運ぶためにスーツケースをひとつしか用意しなかったという。

HOMME-ENFANT

大人になれない男たち

あ る日、カトリーヌ・ドヌーヴがインタビューでこう語っている
のを知って、わたしは衝撃を受けた。「未熟な男性が好き。少
年のまま、子どもだったころの自分が忘れられず、型にはまらず、なか
なか落ち着かない。自分の将来を深刻に考えず、仕事で成功するた
めに自分にルールを課したりせず、いつまでも身軽でいつづけてい
る。そんな男たちね。ある年
齢を過ぎると、ほとんどの男
性がつまらなくなってしまう
の！」。彼女の言う「男たち」
とは、コンバースのスニー
カーを履いてスター・ウォー
ズのフィギュアを集めている
ようなオタクではない。まさ
にジェントルウーマンのパー
トナーとして理想的な、最高
の魅力をもつ男性である。そ
して女性も、できればアメリ
カ人作家のチャールズ・ブコ

ジャック・デミ監督『モン・パリ』のカントリー
ヌ・ドヌーヴとマルチェロ・マストロヤンニ、
1973 年

ウスキーの言葉を心に留めておいたほうがいい。それは、一見矛盾し
ているようだが、ドヌーヴのいわんとしていることを完璧に表してい
る。「ともに歳をとる人を探す秘訣は、子どものままでいっしょにいら
れる人を見つけることだ！」

HUMOUR

ユーモア

ネットで「コメディアン　おしゃれ」と検索すると、“検索条件と一致する結果が見つかりません”という言葉が出てくる。この悲劇的ともいえる現状は、長いあいだ、ワイシャツの脇に大きな汗染みをつくっている車のディーラーのような格好ばかりしてきた男性のコメディアンのおかげである。女性のコメディアンにしてみても、ヴァレリー・ルメルシェや若い世代の数人を除いては、道化的な格好をしなければならず、エレガントからはかけ離れた存在とされてきた。けれど、アメリカでは、ユーモアある女性たちが時代のファッションアイコンとなっている。

　クラーク・ゲーブルの3番目の妻であるキャロル・ロンバードは、1930年代のハリウッドでコメディ女優として活躍した。彼女は大物衣装デザイナーのトラヴィス・バントンの見事なトレーン［引き裾］付きのラメ入りドレスに毛皮のコートを羽織り、「世俗の天使」と呼ばれた。そのコミカルな魅力は、クラシカルなエレガントさと活発な性格のコントラストによるものだ。というのも、彼女は礼儀作法を無視して汚い言葉をあえて使い、人を笑わせるためにおどけてみせることを決して恐れなかった。やがて自由奔放なおてんば娘と言われるようになった彼女は「キャンプ」ファッションを生み出した。大げさで、カラフルで、ユーモアに満ちあふれたそのスタイルは、ゲイカルチャーにも関係している。

　わたしの好きなアメリカのコメディ女優ルシル・ボールもまた、ファッションアイコンだった。フェミニストで、テレビのコメディ番

組のパイオニアでもあった彼女は、女性で初めて自分のプロダクション
を立ち上げた人物である。エンターテインメント業界でのその長い
キャリアと功績は、モデルとしてのデビューから始まった。1950年
代にはディオールのニュールックの信奉者だった彼女は、オートク
チュールと同じようにジーンズスタイルもエレガントに着こなすほど
のファッショニスタだった。わたしはとくに、赤いメッシュを入れた
り、羽根飾りなどの個性的なファッションで登場したりしていた60
年代の彼女のきらびやかなファッションが大好きだ。

　最後に、アメリカの偉大な衣装デザイナー、ボブ・マッキー(ラス
ベガスにいたころは、歌手のシェール、ダイアナ・ロス、シルヴィ・
ヴァルタンといった著名人のドレスもデザインしていた)の衣装を
身にまとったテキサス出身のキャロル・バーネットをご紹介したい。
1960〜70年代に放送されていたテレビ番組『キャロル・バーネット・
ショー』でさまざまなことに挑戦してみせたバーネットを、マッキー
は「あるときは体重が300ポンドもあるように見え、あるときは150
歳くらいに見える。彼女はそんなふうに変身するのが大好きだった」
と振り返る。マッキーはまた、ブラジャーにパッドを入れるのではな
く重そうに揺れる胸に見せるために、ドラァグクイーンのようにお米
を詰めたらどうか、とバーネットにアドバイスしたという。

　わたしが覚えているなかでも、バーネットとマッキーのコンビによ
るスカーレット・オハラのパロディは最高だった。本物のカーテン
ロッドを使ったドレス姿で登場した彼女たちはアメリカ中を爆笑の渦
に巻き込んだ。あまりにウケたので、バーネットはそのことが自分の
墓標に刻まれるのではないかと心配していたそうだ。

1930 年代、「世俗の天使」と呼ばれたキャロル・ロンバード

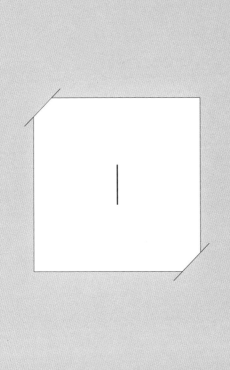

INSTINCT DE MODE

ファッションの直感

こ こはあえて、ジャン＝クロード・ラテスが著したジャック・メスリーヌ［強盗・脱獄を繰り返したフランスの犯罪者］の回想録『L'instinct de mort（死の直感）, 1977』（未邦訳）のタイトルをお借りしたい。わたしがフランスの通販サイト《ラ・ルドゥート》のコレクションのデザインを任されていたとき、この元「民衆の敵ナンバーワン」（当時、メスリーヌはメディアでこう呼ばれていた）は逃亡中で、（きっとそのせいで）通販で有名なこのブランドの上客だったのだ！　脱獄犯とわたしとの関係はそれ以上でもそれ以下でもないのだが、直感、つまり先天的で動物的な勘は、わたしにとって非常に重要だ。

　わたしが仕事を始めたころ、デザイナーやお針子を抱えている企業に「マーケティング」部門は存在しなかった。当時は、誰もが「女性の流行を先取りするのが自分たちの仕事」と思っていて、デザイナーの直感イコール才能だと思われていた。30年経ったいま、ファッション業界は変化している。残念ながら、いまやほとんどのデザイナーやアートディレクターは、マーケティングマネージャーの指示と許可なしではたいしたものがつくれなくなってしまった。

　投資家のリスク回避のためにつくられたマーケティング部門というセーフティネットは、ファッションデザインをつまらないものにしてしまった。わたしはコレクションをデザインするとき、いつもＭＡＹＡ（Most Advanced, Yet Accessible　最も先進的だが受け入れられるもの）の原則に従おうとしてきた。ＭＡＹＡは、タバコのラッキーストライク、ビスケットのＬＵ、石油ブランドのシェル、ファッション

ブランドの New Man などの伝説的なロゴで知られる商業デザインの父、レイモンド・ローウィが生み出した原則だ。わたしがこの原則を心がけるのは、妥当で受け入れられやすくも、同時に斬新なものこそが魅力的だと思うからだ。

　エスティ・ローダーは自身の著書『A Success Story』（未邦訳）のなかで、１章にわたって、商業学校や教科書では教えてくれないことについて書いている。ファッションはとても主観的でありながら、誰もが関わることができる芸術である（だって、どんな人でも朝は着替えるのだから）。エスティ・ローダーのこの意見が尊重されなくなったら、わたしたちの使命も廃れてしまう。ここでジェントルウーマンとして大事にしたいことは、「ビロードの手袋をはめた鉄の手」をもつことだ。つまり厳しさを隠しもった寛大さを身につけることである。

　トム・フォードはファッションを学ぶ学生たちに、ビジネスとクリエイティビティの両立についてこう語ったという。「ファッションブランドの投資家は、ワインレッドと茄子色の違いもわからないぐらいがちょうどいい！」

INTEMPORALITÉ

タイムレス

昔 ながらの退屈なコーディネートに陥ることなく、タイムレスな
スタイルを実現する秘訣はなんだろう？ それは、シンプルで
あること。言いかえれば「Less is more（少ないほど豊かである）」の
精神だ。そして、自分にとても似合っているわけでもないかぎり流行
を追わないこと。ファッションはその人を表す。つまり、身につけて
いる女性の個性を表すスクリーンなのだ。アメリカの有名な衣装デザ
イナー、ギルバート・エイドリアンは、自分のスタイルを模索してい
た若き日のジョーン・クロフォードにこう言った。「ドラマチックな
効果を生み出すには、個性や顔を際立たせなくてはいけない。そのた
めには、できるだけシンプルな装いがいちばんだ」

また、ファッションがその人の一部のように見えることもとても大
事である。決して「服に着られている」という印象を与えてはいけな
い。ガブリエル・シャネルが言っていたように、家を出る前に一度鏡
を見て、つけているアクセサリーをひとつ外してみること。そうする
と全体のバランスがよくなるはずだ。

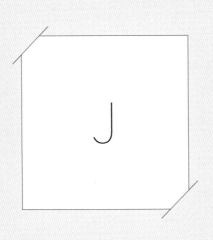

JUST JAECKIN

ジュスト・ジャカン

わたしと同世代の多くの人がそうであったように、1980年代後半の日曜日の夜のお楽しみといえば、Ｍ６チャンネル［フランスの放送局 TNT がもっているチャンネル］の映画だった。そこで放映されていたエロティックな作品は、わたしたちの妄想をかりたてる禁断のランデブーだった。ジュスト・ジャカン監督のいくつかの作品はとくに懐かしい。彼の描くヒロインは官能的であると同時に、とてもエレガントだった。『エマニエル夫人』のシルビア・クリステルや『マダム・クロード』のデイル・ハドンは、わたしの憧れでもあった。

映画のなかの彼女たちはとても刺激的で、とてもおしゃれだった。女の子のなかにあってロールス・ロイスのような存在だったのだ。シルクのラバリエールブラウス［襟元に大きなリボンのついているブラウス］も毛皮のコートもエレガントに着こなしながら、ドレスの下から覗くストッキングが見る者の妄想を膨らませるような官能性を放っていた。とはいえ、その格好自体がセクシーなわけではなく、メイクも決して過剰ではない。すべては、彼女たちの曖昧な態度に見え隠れしている。

マダム・クロードは「背徳的なものも美しい」と思っていたのではないだろうか？　シルエットを強調するような服は、その下にどんな体が隠れているかを想像させる役割を担っていた。靴下を履いている姿さえもセクシーに見えるのだ！　決して下品にならない、シックで健康的な官能性。その映像を見ると、ジャカンがいかに優れたモードカメラマンであったかがうかがい知れる。またわたしに夢を与えてくた『ルイ』や『プレイボーイ』といった雑誌のおかげで、その後「ポ

ルノ・シック」が流行した。今日の女性たちのファッションは、ビッチかクールなインテリ風のどちらかしかないようで、とても残念だ。

　ミステリアスな愛嬌が誘惑の鍵であることは変わらない。1920年代から40年代にかけてセックスシンボルとして活躍したメイ・ウエストはこう言った。「あるときは女らしさを強調してタイトなドレスを、またあるときは貴婦人であることがわかるようにゆったりとしたドレスを着るのよ」。まさにわたしが目指しているデザインとスタイルである。

　わたしのクローゼットのなかで最もセクシーな服は、ミニスカートでもイブニングドレスでもない。それはむしろ、清楚に見えながら透け感があるというギャップが刺激的な、ラバリエール付きの白いシルクのブラウスや、座ったときにスリットが少し開くロングスカートだ。

『靴下のなかのセクシー』ヴァネッサ作、油彩画、2021 年。ジュスト・ジャカン監督『エマニエル夫人』撮影中のシルビア・クリステルが描かれている

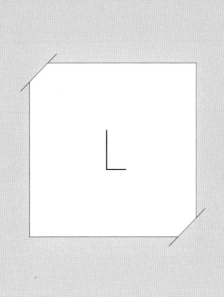

LIVRE D'OR

ゲストブック

ロンドンの実家には、母がもっていた「ゲストブック」がある。葬儀のときのお悔やみ帳［遺族に宛ててお悔やみの言葉を書き記す帳面］のようなもので、そのノートに来客たちが感想を書き残すのだ。1970年代には、プリマバレリーナのマーゴ・フォンテインやスノードン卿［故エリザベス女王の妹マーガレット王女の元夫］の秘書をしていた上品

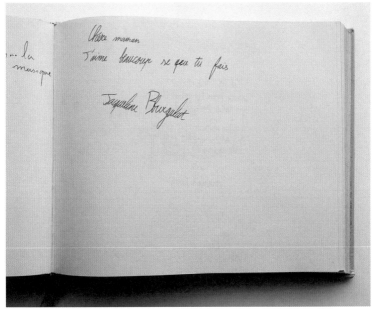

ヴァネッサ・スワードのゲストブックにある、娘のジャクリーヌ・ブルガラのサイン、2017年

な従兄弟（母は「わたしのいたずらな従兄弟」と呼んでいた）、さらには映画『吸血鬼ドラキュラ』の主役のクリストファー・リーの名が並んでいた。クリストファー・リーがゲストブックに血まみれの噛み跡を残したかどうかはわからないが、真っ白な紙に真っ赤なキスマークを残していったエレガントなゲストがいた記憶はある。

　わたしは「眠った本は起こすな」という言いつけには従わずに眠っていたこの記憶を呼び起こして、アザロのショップや展示会にゲストブックを置くことにした。わたしとクライアントとの心温まるやりとりは、シボ加工された革の表紙の貴重な一冊に大切に保存されている。

上　：《アザロ》のゲストブックにあるクンゼル＆デガのサイン、2007 年
右上：《アザロ》のゲストブックにあるヴァレリー・ルメルシェのサイン（左）とマティアス・
　　　デビューローのサイン（右）、2008 年
右下：ヴァネッサ・スワードのゲストブックにあるエティエンヌ・ダオのサイン、2017 年

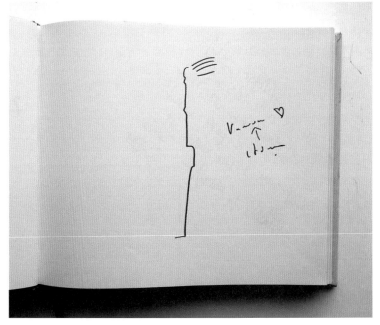

LIVRES POUR ENFANTS

児童書

子どものころに読んだ本のなかでいちばん覚えているのは、アメリカのイラストレーター、ヒラリー・ナイトが挿絵を担当した『エロイーズ』シリーズだ。本の内容よりも、ピンク色の表紙がとても印象的だった。

『エロイーズ』の作者はアメリカの女優ケイ・トンプソン。彼女は、ダイアナ・ヴリーランドをモデルにした奇抜な雑誌編集者役で、オードリー・ヘプバーンやフレッド・アステアとともに映画『ファニーフェイス』に出演し、その撮影中の1955年にこの作品を書いた（エロイーズはライザ・ミネリの幼いころがモデルらしい）。《プラザ・ホテル》の最上階に住む主人公の少女エロイーズは、自分の部屋の壁にいたずら書きをしたりして、悪さばかりする。わたしは幼いながらに、この奔放で反抗的な少女に自分を重ね合わせていた。

それから、ルイス・キャロルの描く少し不条理な世界も好きだった。『不思議の国のアリス』に登場する好奇心旺盛な小さい牡蠣の悲しいお話や、『鏡の国のアリス』のジャバウォックのナンセンス詩などだ。わたしは子どものころ、新しい言語を学ぶように、アングロサクソンの長年の伝統でもある「ナンセンス」について学んだ。不遜なモラルで終わる韻を踏んだ五行詩リメリックは、子どもたち

ヴァネッサ。ブエノスアイレスにて、1980 年

を矛盾と驚きの世界にいざない、わたしたちの存在をあざ笑っている
かのようだった。この本は、子どもにとって、あまりに理解不能な状
況がありすぎる不条理なこの世の中を生き抜くための本でもあった。

LÜBECK

リューベック

ファッションと華やかな世界について勉強するのに、女子校ほど
ふさわしい場所はない。わたしは、パリ16区にある《アソンプ
ション》という名の私立校に通っていた。通りの名をとって《リュー
ベック》と呼ばれていたこの学校は、ファッションの専門学校ではな
いものの、ディオール、シャネル、プッチといったブランドやヴォー
グ誌で活躍する女性をたくさん輩出している。そして彼女たちは、わ
たしが仕事を始めてから現在までずっと、驚くほどたくさんのサポー
トをしてくれている。

この学校は、リベラシオン紙では「ファッション界のコエキダン」
（コエキダンにあるフランス陸軍士官学校は所在地にちなんで「コエ
キダン」と呼ばれている）、ル・モンド紙では「パリジェンヌのファッ
ションの母校」、ニューヨーク・タイムズ紙では「スタイリッシュ・
アカデミー」と紹介された。完璧な教育を受けながらも少し反抗的な
美しい少女たちが通う学校は、男性にとってはパラダイスだった。作
家のフレデリック・ベグベデは、毎日学校の前に立って女の子たちを
ナンパしていたくらいだ。しかし、あまりに良家の子女ばかりが集
まっていたので、わたしにとっては居心地が悪いこともあった。た
だし、そこではジェントルウーマンになるための訓練と、厳しい社会
で生き抜く術を身につけることができた。その証拠に、卒業生のなか
にはロッカーの妻になる人もいれば、共和国大統領の妻になる人もい
た。リューベックでの経験は、フランス系コロンビア人の政治家イン
グリッド・ベタンクールがアマゾンのジャングルで6年以上にわたっ

てコロンビア革命軍（FARC）のゲリラの人質になったときも、彼女の精神の支えとなったという。

1980年代のリューベックの制服は、紺色のプリーツスカートに白いブラウスだった。同じく卒業生のジュエリーデザイナー、ヴィクトワール・ドゥ・カステラーヌは、「リューベックでは、制服に関する校則が厳しいので、少しでもほかの生徒と違うことをして目立つしかなかった」と語っている。たとえばヘアスタイルに力を入れる生徒もいれば、ファッションの初歩であるアクセサリーにこだわる生徒もいた。そして、多くの生徒にとって、卒業後にシャネルのアトリエで働くことは、一種の通過儀礼のようなものだった。だが、リューベックはハーバード大学と同じというわけではない。だからいまさら、知らない人の前や履歴書でリューベックの名をひけらかしても、子どもじみているとしか思われないだろう。

リューベック時代の私服の
ヴァネッサ、1987 年

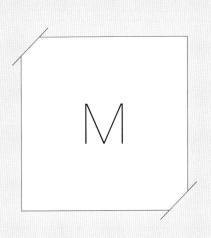

MOMENT
いまこの瞬間

あ る日、あるとき、ある瞬間、磁気を帯びた流体があなたを包み込み、砂鉄のようにあなたの視線を惹きつけ、あなたの磁石の針を狂わせる。「いまこの瞬間」を生きているあなたは、まさしくゴールデンタイムにいるのだ。今日、ＳＮＳの発達とともに、わたしたちはほんの一時でも有名になりたいと願って、束の間の強迫観念にとらわれている。その衝動は、ほとんど説明不能だ。はたして、そういった衝動をかき立てることはできるのだろうか？　ジェントルウーマンはタイムレスなものを求めるだろうが、時には「いまこの瞬間」が欲しくなることもある。

　ここで、すばらしい映画をひとつ思い出した。ミュリエル・スパークの同名小説をロナルド・ニームが1969年に映画化した『ミス・ブロディの青春』。超保守的な学校で、危険な変わり者の教師が少女たちに「保守的な考えを捨てて、自分のゴールデンタイムを逃さないように」と教育するという内容である。人生のゴールデンタイムはちょっとしたきっかけでやってくる。1990年代半ば、エリザベス・ハーレイが当時の恋人のヒュー・グラントとともに映画『フォー・ウェディング』の試写会に登場したときのこと。当時、グラントはすでにスターだったが、ハーレイはまだ無名だった。しかし彼女はその夜、サイドを金の安全ピンで留め、背中が腰まで大きく開いたヴェルサーチのロングドレス姿で現れて、センセーションを巻き起こした（ウィキペディアで「That Dress（あのドレス）」という項目が立っているほどだ）。彼女はたった一回の登場で有名になり、その瞬間のおかげで

何か月も、いや何年も稼ぐことができたのだ。わたしのささやかな体験を話せば、《リド》[パリのシャンゼリゼにあった伝説的なキャバレー]のパーティーに、白いジャージ生地のロングドレスを着ていったことがある。白ギツネの毛皮の襟が付いたショートボレロを羽織ったコーディネートは、その後のキャリアのきっかけになった。アメリカのヴォーグ誌がそのときの服装について書いてくれたのだ。わたしは一瞬にして、観客から女優になった。ただ、そういう瞬間があったとしても、たいていは、自分でそのことに気づかず、まったく知らないままで終わってしまうものである。

　最近では、ネットにアップされたタイミングによって、世間のすべての評価が決まる。事実、何千もの投稿があるにもかかわらず、多くの人はその輝かしい瞬間に気づかず、気づいたときには手遅れのこともある。だからといってファッションショーに足繁く通い、1日に5回も着替え、まるでスポーツくじにいくつものチェックをつけるように、少しでもチャンスを増やそうとしてもむなしいだけだ。そんなことをしても「ビッグチャンスの瞬間」が訪れることなどめったにない。

　むしろわたしは、困難を乗り越えた先にある見返りを強く信じている。

　1994年の夏の初め、夫に浮気されたことを公表したダイアナ妃は、離婚騒動の渦中にもかかわらず、肩を出した黒のミニ丈のドレスでチャリティイベントに登場した（右写真）。そのファッションは彼女の自由への回帰を象徴していると評され、「リベンジドレス」と呼ばれた。

　だから我慢しよう。長いあいだファッション業界でけなされつづけてきたダイアナだが、没後20年経ったいま、彼女の輝かしい瞬間の映像が流されたことによって、絶対的なファッションアイコンとなった。でも、心配ご無用。生きているあいだに返り咲くことだってできる。スーパーモデルから歌手に転身して大成功し、ついにはファーストレディにまでのぼりつめたカーラ・ブルーニ[イタリア出身のファッションモデル、歌手。サルコジ元フランス大統領の3番目の妻]のような人もいるのだから。

MYSTÈRE

ミステリアス

わ たしは、「アンチ・ショー・オフ」を支持している。すべてを見せないことで謎の部分を残しておくという意味だ。アルフレッド・ヒッチコックもこう言っている。「自分のすべてを見せようとしないセクシーな女性が好きだ。男性を魅了するために、自分のすべてをさらけ出さず、品があるように振る舞っている女性だ。たとえば、スクリーンで女優がセクシーさをアピールしようとするときには、ミステリアスな雰囲気を保たなければならない」。

残念ながら、SNSではすべてをさらけ出さなければいけない気分になる。わたしはいつも軌道修正するために、自分にこう問いかけるようにしている。「カトリーヌ・ドヌーヴなら、これを見せるかしら？」

娘のジャクリーヌが10歳のときに描いたカトリーヌ・ドヌーヴ、油彩画、2021年

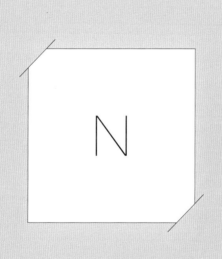

NÉO-BOURGEOISE

ネオ・ブルジョワ

わ たしはよく、「ネオ・ブルジョワ」と形容されて落ち込む。ブルジョワとは正反対の個性的なスタイルが好きなので、どのジャンルにも属さないファッションを心がけてきたつもりだ。その一方で、ブルジョワ的なスタイルをいくつか参考にして自分なりにアレンジしてきたことは認めよう。シャネルのパンプスはたいていジーン

自身のブランドの初コレクションのためにヴァネッサが描いたスケッチ、2015 年冬

　ズと合わせるようにしているし、ラバリエールブラウスを着るときは
セクシーな靴を履くことでバランスをとるようにしている。プリント
柄のミディ丈のワンピースを着るときはブーツとデニムジャケットを
合わせることで、あえて少しラフな印象を与えるよう心がけている。
また、エルメスのバッグのほとんどがユーズドである。値段が手頃な
だけでなく、使い古されたもののほうが美しく見えるからだ。

　わたしが憧れるブルジョワ的な女性は、クロード・シャブロルの映
画に出てくるステファーヌ・オードランやジュスト・ジャカン監督の
映画『O嬢の物語』のコリンヌ・クレリーだ。もはや、高級地区に住
むヌーベル・ブルジョワジーの女性たちはあんな格好をしていない。
彼女たちはむしろ、1960〜70年代のアンチ・ブルジョワの偉大なパ
イオニアであるジェーン・バーキンやブリジット・バルドーをお手本
にした、ロックスタイルのファッションがお気に入りのようだ。

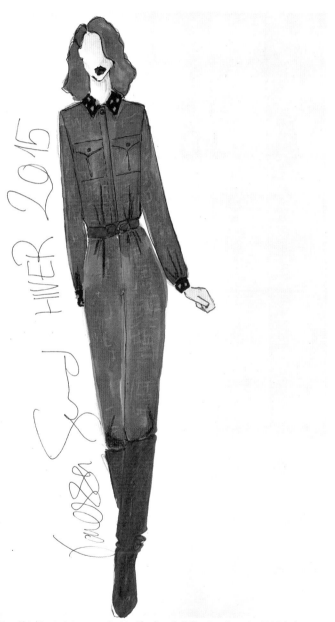

HIVER 2015

自身のブランドの初コレクションのためにヴァネッサが描いたスケッチ、2015年冬

NUIT
夜

夜 はいつもアドバイスをくれる。眠らない夜はとくに……。15歳から30歳まで、夜遊びは最も大きなインスピレーションの源だった。わたしはよく古典主義から影響を受けていると言われるが、実際にいちばん影響を受けたのは、わたしが「夜の蝶」だった時代のポップカルチャーだ。

　ポール・エリュアール［1910年代末～50年代に活躍したフランスの作家］ほどではないものの、わたしも「昼は怠惰で、夜は活動的」だった。80年代、ひとつのグループに満足できず、昼と夜で別の人に会うという独自のルールをつくっていたくらいだ。一風変わった夜の過ごし方やさまざまなジャンルの人たちとの付き合いによって、フランス人イラストレーターのフロック、ミュージシャンのエティエンヌ・ダオやダニエル・シュヌヴェ、そしていまでは親友となった女優ジュリー・デルピーと出会うことができた。なかでも、エリ・メデイロス［ウルグアイ系フランス人の歌手］とリオ［ポルトガル出身のフランスの歌手］はわたしにとってアイドルだった。

　わたしは人見知りな性格を克服しなければならなかったが、幸いなことに「ルックス」という武器が、いわば夜を楽しむためのパスポートとなった。パーティー前に時間をかけて綿密な準備をし、手の込んだドレスを着ていたおかげで注目される存在になれたのだ。少しずつ、自分のスタイルを見つけることもできた。当時、親友のひとりがホテル日航の日本人支配人の娘だったのだが、彼女の父親（あまり背は高くなかった）の仕立てのよいジャケットを借り、それを少しアレ

118

ンジしたコーディネートでよくクラブに出かけた。25年後にエティ
エンヌ・ダオと再会したとき、彼は当時のわたしをよく覚えていてく
れていた。遠い昔のことなのに、本当に嬉しかった！

　しかし、夜遊びについて最高の教訓を与えてくれたのは、クラブに
たむろする事情通ではなく、父だった。それは、パーティーの場を去
るタイミングについてのこんな貴重なアドバイスだ。「最後に明かり
を消すのは自分であってはいけないよ」

ヴァネッサ、その人生と仕事。最初の記事、パリ、1992 年

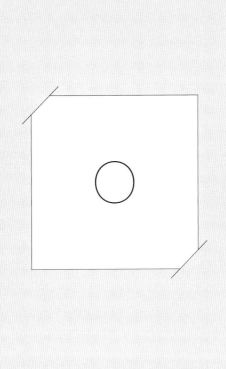

OCCASION MANQUÉE

逃したチャンス

育ちのいい人は、チャンスを逃す運命にある。ジェントルウーマンの限界はここにある、と言っても過言ではないだろう。礼儀正しい人は、成功の階段を４段ずつ上っていくなんてことは絶対にできない。

　たとえば、わたしはスペイン滞在中に、ニューヨークで活躍するファッションデザイナーのダイアン・フォン・ファステンバーグに会うという幸運に恵まれた。ラップドレスの生みの親でもあるファステンバーグは、幅広いネットワークをもつヒューマニストで、その長いキャリアを通してデザイナーや女性たちを支援しつづけている。とても感じよく接してくれた彼女は、プライベートジェットでわたしをパリまで送ると申し出てくれた。こんな機会はめったにない。彼女の好意を素直に受ければよかったのに、謙虚すぎるわたしは、なんと、フォーブス誌が選ぶ「世界で最もパワフルな女性」75位に選ばれたファステンバーグの誘いを断ってしまった。ファッション界で仕事を始めてだいぶ経つが、わたしがこれまで権力のあるポジションにほとんどつかなかったのも、この性格のせいかもしれない。

　わたしは相手がほんの少しでも競争心を抱いていると感じたとたんに、たいていは遠慮して、相手に譲ってしまう。だから、人生で大成功しているジェントルウーマンは、出世欲の強い人の４倍成功していると断言しよう。

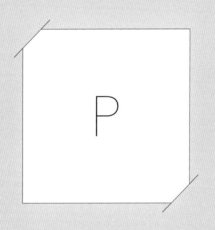

PARISIENNE

パリジェンヌ

グラツィア誌、2012 年

[こ]の話をしていいのは、わたししかいないんじゃないかと思う。というのも、まだ「ネオ・ブルジョワ」なんて呼ばれていなかったころの話だが、わたしは「彼女こそパリジェンヌ！」という見出しでフィガロスコープ誌に登場したことがあるからだ。

アルゼンチン生まれ、ロンドン育ちのわたしを「アルゼンチン人のなかで最もパリジェンヌらしい」と言ってくれた人もいる。クレオパトラが実際はマケドニア人なのにエジプト人と思われているのと同じで、わたしもパリジェンヌと思われているらしい。実際に自分がパリジェンヌだと感じている部分もある。アメリカ人男性やウクライナ人男性にとっては、いっそうパリジェンヌに見えるらしい。ところで、パリジェンヌってリヨンの女性やボルドーの女性とはどう違うのだろう？

長いあいだ、作家やジャーナリストたちは「パリジェンヌ」とは何たるかを研究しつづけ、人気の高い貴重なネタとしてサンプルを集め

てきた。いま、パリジェンヌたちは出版業界にとって、何よりも金の卵を産むガチョウのような存在となっている。うまく書かれているかどうかは別として、パリジェンヌを描いたベストセラーはいくつもある。「パリジェンヌ」とは、そもそも「パリに住む女性」という意味でしかなかったのに、いまやその言葉は高級ブランドの妄想によって特別なものに仕立てあげられている。また、最近のパリジェンヌはスーパーのレジの列に並んでいるときでさえ「ヤリ

「パリジャンとは、パリで生まれたということではなく、パリで生まれ変わったということだ」（サシャ・ギトリ）、フィガロスコープ誌、2017 年

たい気にさせる」とか、努力しなくてもおしゃれの素養があるとか、ベッドの上でタバコを吸うとか、かならず恋人がいるとか、まことしやかにそんなことを言い出す者もいる。しかしそんな彼女たちにはほんの少ししか共感できない。他人に親切にしてくれるといっても、女性占い師の住所を教えてくれることくらいが関の山。パリジェンヌの掟を一言でいうと「互いに愛し合いなさい！」ではなく、「みんな、わたしを愛して！」。全人類がうらやむ自己中心的な生き物なのだ。たとえ相手が精神科医だったとしても、自分の話をするのを嫌がるジェントルウーマンとは正反対だ。

　幸運にも、作家のジャン＝ルイ・ボリはパリジェンヌをこんな明快な言葉で表している。「パリの女性はまるでユニコーンのような伝説上の生き物である。誰もが知っているが、誰も見たことがない」。そう、パリジェンヌは存在しないのだ。

PASSEPORT

パスポート

フ　ァッションは、近づくことのできない世界へ行くためのパスポートだ。わたしは父の仕事の関係でいろいろな国に引っ越しをしながら育った。そのため、とんでもなく人見知りの性格だったのに、幼いころからファッションを楽しむことは知っていた。ファッションのおかげで、まわりに溶け込み、注目を浴びることができたのだ。10代になってクラブに通いはじめると、ファッションが、夜のパリの神殿ともいわれたナイトクラブ《パラス》《レ・バン・ドゥーシュ》《バス・パラディウム》への扉を開いてくれた。そこでは、社会的地位や経済力は関係なく、その人のスタイルと個性だけですべてが決まる。そんな夜の世界が好きだった。わたしはそこで、まだ学生だったわたしを受け入れてくれる魅力的な人たちに出会った。

　冒頭でも述べたように、それから少し経って、シャネルのスタジオディレクターだったジル・デュフールが初めて仕事を依頼してくれたのも、わたしのファッションがきっかけだった。そのとき着ていたのは丈の短い安物のタータンチェックのスーツだったが、よっぽど似合っていたのだろう。いまでもよくいろいろな人にその話をされる。

　ファッションというパスポートは、わたしたちを目に見えない存在にする力をもっている。当時のわたしは、夜遊びに勤しむと同時に、自分を透明な存在にする制服を着た高校生でもあった。最近、マスクをするようになって、そのころの感覚がふたたびよみがえった。突然、ＳＮＳ上の人物のように受け身の傍観者になった気分だった。

　アクターズ・スタジオ［アメリカにある俳優養成所］の創設者であるリー・

ストラスバーグとポーラ・ストラスバーグの娘で、女優のスーザン・ストラスバーグは、著書『マリリン・モンローとともに』（草思社刊、山田宏一訳）でマリリンの内なる光について語っている。彼女は人気絶頂のころ、サングラスをかけ、髪にスカーフを巻いて、ニューヨークの街を誰にも気づかれることなく歩いていたという。それを聞いて驚いたスーザンに彼女はこう言った。「いま、マリリン・モンローになってみせようか？」。格好はまったく変わらないまま内なる光を灯した彼女に、道行く人たちは「マリリン・モンローだ！」と気づき、大騒ぎになったという。

　ファッションは、わたしたちに自信を与え、内側から光り輝かせてくれる。それまでの自分からさらに飛躍するための理想的なパスポートとも言えるだろう。

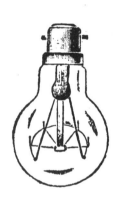

PATINE

古着

ス　タイリッシュなイギリス人は、いかにも新しいものは身につけ
　　ず、どんな服でも長く着ることでおしゃれに見せている。着古
すことで醸し出される服そのものの温かみが、ニューリッチのぎらぎ
らした雰囲気を阻んでくれるのだ。わたしもその考えに賛成だ。ただ
し、わざとらしくダメージ加工されたファッション（ダメージジーン
ズ、エイジング加工が施されたレザーもの、人工的に虫に食わせたり
色をあせさせたりしたジャンパーやＴシャツなど）は好きじゃないけ
れど。過去の痕跡は日常生活に新しい魂を吹き込み、毎日を豊かにし
てくれる。これほど美しいものはない。

　もちろん、美しく着古すにはそれなりの努力が必要だ。革の場合、

「ジェントルウーマ
ン農婦」だった母エ
レニータ、ブルー
ジュにて、1976 年

植物由来のナチュラルな色のものを選び、レザークリームでお手入れすることをおすすめしたい。つぎ当てなどのパッチも、うまく使えばとてもおしゃれに見せることができる。イギリスのチャールズ王子は、老舗テーラーの《アンダーソン＆シェパード》で1980年代初頭につくったスーツを何度も繕いながら、いまでも着ているそうだ。

『チャールズ皇太子』ヴァネッサ作、油彩画、2021 年

PÈRE

父

ア　ルゼンチン大使としてそのキャリアを終えた元外交官の父は、わたしの最初のヒーローだった。わたしは、父の思慮深さ、謙虚さ、恥ずかしがり屋な性格、そして少しだけ不器用な部分（わたしにはそれが魅力的に映った）が大好きだった。父に似た男性に会うと、ドキッとしてしまうほどだ。その証拠にわたしの夫は、1970年代の父、つまりわたしが子どものころの父によく似ている。そう、父と結婚したようなものだ！

父アントニオ・スワード、バークレーにて、1967年

これはわたしにかぎった話ではない。あのグレース・ケリーは、彼女のなかで神格化されていた父親と似た王子をゲットしたし、マリリン・モンローは、自分の知らない父親という幻想のイメージを体現するようなクラーク・ゲーブルと恋に落ちた（マリリンの母はゲーブルによく似た元恋人の写真をもっていたという）。

　わたしの夫は愛情深い父親となり、父はわたしの娘にとって優しい祖父となった。わたしの娘のような新しい世代は、こんなファザー・コンプレックスからもっと簡単に解放されるだろうけれど。

PIÉTONNE

歩く女性

その昔、"超保守的なブルジョワ"の友人のひとりが、街を歩く女性たちのことを軽蔑的に話題にしていたのを覚えている。彼女たちはパリに住んでいるごく普通の女性たちで、ただ歩いて移動しているだけだ。かくいうわたしも、最近「歩く派」になったので、街角で電動キックボードに脅かされている「歩行者」たちに共感を抱かずにはいられない。わたしのブランドで活躍しているデザイナーの多くも歩く女性だ。

いまや、地下鉄に乗り、排気ガスも出さず、歩道を歩くエリートたちほどモダンな存在はない。サルバドール・ダリはかつて、「40歳になっても地下鉄に乗っている男は落ちこぼれだ」と言った。少なくともその年齢の女性については、わたしはまったくそう思わない。それどころか、ジャック・プレヴェールの言葉のとおり、メトロはインスピレーションの宝庫である。そして実際、メトロには創作の参考になるアイデアがたくさんころがっている。

『無題』マルク・デグランシャン作、三連祭壇画、キャンバス（200 × 450 cm）、油彩画、2010-2011 年。提供：Galerie Lelong & Co.

PIMBÊCHE

生意気な女

こ の言葉は、普通はあまりよい意味ではないけれど、じつは魅力的な意味合いももっている。いずれにせよ、昨今スクリーンで流行っている「ビッチ」という言葉よりは、多くのニュアンスを含んだ表現である。「パンベッシュ（生意気な女）」という言葉の歴史は古く、17世紀の劇作家、ジャン・ラシーヌの喜劇『訴訟王』に登場する訴訟好きな気難しいヒロイン、ピンベッシュ伯爵夫人に由来している。

1980年代半ばにフィリップ・ミシェルが手がけたブランド《クーカイ》の広告に、生意気な女性モデルたちが華やかに起用されたのをいまでも覚えている。気取っていて、わざとらしく、うぬぼれ屋で、感じの悪い女をあえて演じている彼女たちはセクシーだった。「わたしのほうを見ない男はひっかいてやる」「ブサイクな男は反対側の歩道へ」「わたしはきっと表紙の生意気な女と同じくらい美しい」などという宣伝文句とともに、大胆なポーズで雑誌に載っていた。

忌まわしくも魅力的な女性たちは、年頃のわたしにとって刺激的な存在だった。どこか生意気な女を彷彿とさせるリオの『Sage comme une image』の歌詞も大好きだった。「わたしは絵に描いたような賢い女／ブリリアントで、イマドキで／でも、あなたのためにいるわけじゃないの」。おもしろいことに、わたしが初めてこの歌を耳にしたのは、クーカイの広告のキャスティングをしているときだった。わたしはとても生意気な女に見えただろうが、当時はその言葉の意味さえ知らなかった。

PÔLE EMPLOI

就職支援センター

ザロをやめたあと、わたしは就職支援センターに行った。そこでトレーニングコースを受けるように強くすすめられ、《ネットワーク育成》というタイトルの短期コースを選んで受講することにした。同じころ、わたしは A.P.C. の創始者であるデザイナーのジャン・トゥイトゥからラッパーのカニエ・ウェストを紹介された。彼はデザイナーとしてビジネスを始めようとしていて、わたしのスタイルに興味をもったのだという。ファッションの世界では相手にされないだろうと思ったウェストは、最初のコレクションをデザインして欲しいとわたしに頼んできたのだ。その企画に完全に乗ったわけではなかったが、とりあえずメールアドレスと電話番号を交換しあった。そんなある日、「ネットワークを広げる方法」についての研修中、わたしの携帯にカニエ・ウェストから電話がかかってきた！　研修を中断するわけにもいかなかったので、世界で最も有名な人物からの電話には出られなかったが……。

PULL MARINE

マリンセーター

50 歳にもなって、自分のこだわりに縛られていることを認めざる
をえない。興味をもつ対象はとても少ないのだが、ハマったら
最後、とにかく深くのめりこんでしまうのだ。いまでも理想のファッ
ションを探求し、ひたすら絵を描いたり、お気に入りをコレクション
したりしている。その理想になんとか近づけそうになると、サンプル
的なものをいくつも買ってしまう。トレンチコート、黒のエナメルの
ストラップ付きパンプス、シャンブレーシャツ、そしてマリンセー

完璧なファッションを探究するインスピレーションの源であり象徴である『イネス・ド・ラ・
フレサンジュ』ヴァネッサ・スワード作、パステル画、2021 年

ター……。ファッション界は、そろそろスペシャリストを重視する時期に来ているのではないだろうか。なぜ、それぞれのブランドがすべてを提供する必要があるのだろう？

　これからは、各ブランドが自分たちの独自のノウハウにふたたび集中して、自分たちならではの完璧なワードローブをつくれるようにするのはどうだろう？　イヴ・サン＝ローランは晩年、画家のマティスのように自分のアイコンになるデザインを何度もつくりなおして完璧な形を目指した。マリンセーターのように一見平凡に見えるものでも、デザイナーが長年かけて試行錯誤した結果なのだ。そして、どんなクリエイティブなプロセスにおいても、満足してやめるタイミングを知っておかなければならない。

　名ピアニストのアルトゥール・ルービンシュタインが、盟友のピカソと口論になったときのこと。何度も同じ対象を描く意味について問われた画家は、質問のばかばかしさに憤慨してこう言った。「誰もがつねに変化している。毎日が、そのときどきの経験によってまったく違うものになる。作品も同じだ」

PYGMALION

ピグマリオン

ピグマリオン効果をご存じだろうか？　他者から期待されると成果が発揮できたり、パフォーマンスが向上したりする効果のことである。女優のジェーン・フォンダは、夫であるロジェ・ヴァディム監督の映画『バーバレラ』で魅力たっぷりの主人公を演じた。そして彼女は、この作品のために、毎日のようにフランスのウール＝エ＝ロワールにある小さな村、サン＝トゥーアン＝マルシュフロワの農家に行き、田舎道を自転車で走りながら田舎娘として過ごしたという。そのときの経験はのちに反ベトナム戦争運動に結びつき、ヒッピーのイメージをもたれるきっかけにもなった。同じように、女優のウルスラ・アンドレス、リンダ・エヴァンス、ボー・デレクの夫と次々と結婚したアメリカ人俳優のジョン・デレクは、歴代のパートナーの魅力を最大限に引き出すことのできる鋭い目をもっていた。

　だから女性だけでなく男性も、自分のパートナーのファッションに興味をもつべきなのだ。そうすれば、相手に対して重要な役割をはたすことができ、二人の結びつきも強くなるはず。ジェーン・バーキンは、セルジュ・ゲンズブールにとってまさに「ピグマリオン」のような存在だった。白いレペットの靴にロンドンの蚤の市で見つけたストライプのテニスジャケットというスタイルは、いかにも彼女らしい。ただし、時には成功しないこともあるのでご注意を！　たとえば、1980年代にナタリー・バイと付き合っていたころのジョニー・アリディのスーツ姿はまったくいただけない。シルヴィ・ヴァルタンと付き合っていたころの彼のロックなスタイルのほうがずっと好きだ。

あなたのルックスは、パートナーがどんな人かで変わる。

だからこそ、女性だけでなく男性の意見も聞くべきなのだ。もちろ
ん、ひとつのスタイルにこだわる人ではなく、あれこれいろいろな
ファッションを試してみるのが好きな人、というのが条件ではあるけ
れど。ヒュー・グラントと脚本家のジェミマ・カーンがアザロのメゾ
ンに来たときのこと。グラントは、個性が光るカーンに、着せ替え人
形のようにつぎつぎと試着させるのが大好きだった。彼はその何年か
前にもエリザベス・ハーレイに同じことをしていた。それは新人女優
だったハーレイを世に知らしめるきっかけとなり、彼女はのちにレッ
ドカーペットを堂々と歩くスターになった。このことからも、男性
パートナーの目が女性にとっていかに大切な鏡となりうるかがわかる
だろう。

ヴァネッサ・スワードデザ
インの《アザロ》のドレス
姿のジェミマ・カーンと
ヒュー・グラント。セザー
ル賞授賞式にて、2006 年

PYJAMA

パジャマ

「慈」しみの心と同じように、その人の魅力は家のなかから始まっていると思う」。1920年代に活躍したアメリカ人女優のロレッタ・ヤングはそう語った。ロックダウンによる外出禁止は、ルームウェアを見直すいい機会になった。わたしのお気に入りのルームウェアは何

外出用のパジャマ姿の
ヴァネッサ、2020 年、
娘のジャクリーヌ・ブル
ガラ撮影。

といってもパジャマ。歌手のレジーヌはセルジュ・ゲンズブールの「どうしてパジャマ？／ストライプに花柄、それともドット柄？／どうしてパジャマ？／コットン、ウール、それともシルク？／わたしは二度とパジャマを着ない……」なんていう歌詞の曲を歌っていたが、わたしはこのナイトウェアがとっても好きだ。

　真のジェントルウーマンはストライプのパジャマをもっているもの。わたしは、シルクのプリント柄のパジャマ姿で外に出たいくらいだ。エルンスト・ルビッチ監督の『青髭八人目の妻』（1938年）の冒頭シーンでもパジャマが登場し、それをきっかけにして映画のストーリーが展開していく。ゲイリー・クーパー演じる大富豪マイケル・ブランドンは、休暇中、ニースのデパートでパジャマの上だけを買おうとするが、ズボンもセットで売られている。そんな彼に救いの手を差しのべ、パジャマのズボンを買ったのは没落貴族であるクローデット・コルベール演じるニコル・ド・ロワゼルだった。男性は、パジャマを上下セットでは着ないらしい。わたしは数年前にアザロのカプセルコレクション［著名人とコラボレートして展開する、期間や数量限定の小さなコレクション］で夫のベルトラン・ブルガラとルームウェアのセットアップをデザインしたのだが、上下とも買ってくれたのは小説家のベルナール＝アンリ・レヴィだけだった。

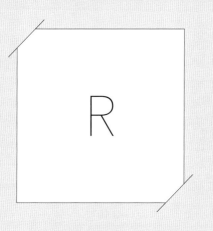

REGARD

視線

育ちのいい人なら、幼いころ、人をじっと見るのはやめなさいと教えられたはずだ。しかし最近は、ＳＮＳの発達によって、「失礼」に当たることなくリベンジしたり、じっと見たい欲求を満たしたりすることができる。しかし、真のジェントルウーマンなら、じろじろと見るのではなく、アメリカ人的にちらっと見ることを好むものだ。現代の完璧な体形を目指すなら、女性の視線ほど容赦ないものはない。相手を値踏みする女たちのプレッシャーは、時にとても恐ろしくなるほど。わたしが新人だったとき、女性のキャスティング・ディレクターが「ショーツ姿でわたしの前を歩いて見せてください」とモデルに言い放った場面に遭遇したことがある。どこから見てもこのモデルが選ばれないことは明らかなのに、だ。そこで、あとからどうしてあんなことを言ったのか聞いてみると、そのディレクターは「彼女がどんな身体をしているのか見たかっただけよ」と答えた。

REVERS DE FORTUNE

運命の逆転

　社　会から弾き出され、経済的にも厳しい状況にありながら、何が
　　　なんでもおしゃれを忘れないジェントルウーマンの姿にはいつ
も感動する。ウディ・アレン監督の『ブルージャスミン』では、ニュー
ヨークのパークアベニューの社交界を舞台にケイト・ブランシェット
演じる主人公を通してそういう女性が描かれている。この女性は、逮
捕後に亡くなったバーナード・L・マドフ［2008年に逮捕されたアメリカの
相場師、詐欺師］のような人物と結婚し、妹の家に身を寄せ、社会的に
没落しながらも、なんとか面目を保とうとする。彼女は経済的に追い
詰められていくにもかかわらず、シャネルのクリーム色のツイード
ジャケットを着ることで華やかだった過去にしがみつく。感情的には
溺れかけていても、そういう格好をすることでなんとか生き延びるの
である。

　没落していくおしゃれな人々を描いた代表例として、デイビッド＆
アルバート・メイスルズ監督によるドキュメンタリー映画『グレイ・
ガーデンズ』（1975年）を挙げよう。主人
公は、アメリカの歌手イーディス・ユーイ
ング・ブーヴィエ・ビールとその長女で、
彼女たちはそれぞれ、元ファーストレディ
であるジャクリーン・ケネディの叔母と従
姉妹に当たる。その母と娘は上流社会出身
でありながら、ロングアイランドのほぼ先
端に位置するイーストハンプトンの真ん

中にあるノミだらけのあばら屋で数十年間暮らしていた。なかでも、父親から遺産を相続してもらえず、裕福な夫にも去られてしまった母親が、ベッドの上で小さなコンロの火にかけ、トウモロコシを調理しながらもなんとか威厳のあるふりをするシーンが印象的だった。娘のほうは、体重の増加、数回にわたる目の手術、そしてひどい脱毛症で髪をすべて失ったにもかかわらず、クローゼットから引っ張り出してきたありとあらゆる布を頭に巻いたスタイルが注目され、ファッションアイコンとなった。スカート、タオル、マフラー、ニット……いったい何枚組み合わせているのかわからないほど。彼女のオリジナリティあふれる「お手製スタイリング」には、マーク・ジェイコブスやカルバン・クラインなどのデザイナーも影響を受けたという。

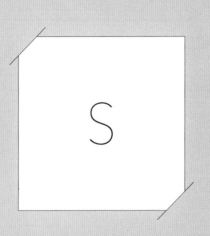

SELFIE

自撮り

S ＮＳに自撮り写真を投稿する前に、これからのジェントルウー マンは、スタッフェ男爵夫人［19世紀後半から20世紀初頭にかけて活 躍したフランスの女流作家］のベストセラー『Usages du monde（未邦訳）』 （1889年初版、タランディエ出版から再版された）の「若い女性がす べきこと、すべきでないこと」という章を読んでみてほしい。「若い 女性はいつでも自分の写真を撮らせたりせず、何よりも自分の写真を 誰かれかまわずばらまいたりしないものです。もし写真を送るとする ならば、その写真をどこかに置いたままにするだろう若い従兄弟たち 以外の親族と、誰にでもその写真を渡してしまったりしない真面目な 友人たちにかぎりましょう」

「例外がルールを立 証する」（ジェント ルウーマンはどんな 命令にも従わない）。 ロビーにて自撮り、 2020年

SENSIBLE LUXURY

センシブル・ラグジュアリー

英　語の "sensible" はフランス語の "sensible" とはまったく違い、「道理にかなった」「分別のある」という意味をもっている。これは英語ではとてもポジティブな意味合いの典型的な形容詞だ。「センシブル・ラグジュアリー」はわたしがブランドを立ち上げたときに、正反対の意味の言葉をわざと掛け合わせてつくった造語である。

　わたしは、職人技とクオリティにこだわった贅沢品（ラグジュアリー）を信頼している。デザイナーとして大事にしているのは、手頃な価格帯でありながらカットや生地にこだわった洋服をつくること。それこそがわたしが自らのブランドで提案したかったことで、ショーでは何人かのモデルを何度も登場させた。何度も同じモデルが登場することを前提にデザインすることで、コストを削減し、ブランドのスタイルを尊重することにも成功したのだ。

　残念なことに、何かと過剰だったコロナ以前の世界においては「感

覚的」すぎたのかもしれない。立ち上げから3年後に、投資家たちはブランドを撤退させる決定をした。

　刺激的なものをつくりつづけるには限界があることをこの経験から学んだ。クリエイターにもっと失敗する機会を与え、彼らの直感に耳を傾けなくてはならない。クリエイターたちの活力となるようなものが必要なのだ。

　2021年に開催されたUEFA EURO 2020［ヨーロッパ各国の代表チームによって争われるサッカー選手権］でフランスが敗退した翌日、わたしはラジオでフランス代表チームの試合についてのコメントを聴いていた。その大半は、南米のチームのような魔法がかった技や遊び心のあるプレーに欠けていたというものだった。多額の賞金がかかっているというプレッシャーのなか、華麗なプレーをするのは難しかったのだろう。最終的に評判を落とす結果となってしまったが。

SEVENTIES

70年代

1 970年代、わたしは幸せな幼少期の10年間をロンドンで過ごした。いまでもこの時代に特別なノスタルジーをもちつづけていて、たまにデザインに表れることがある。わたしのデザインについて語られるときにはいつもロンドンにいたことをもちだされるが、それを不快に思ったこともあった。わたしのインスピレーションはそこにとどまらないからだ（一時期は、わたしの作品を紹介するプレスキットにはそのことを書かないでほしいと頼んでいたほどだ）。19世紀末に流行った象徴主義絵画、1930年代のアール・デコの純粋さ、50年代のアメリカンカルチャー、80年代のフレンチポップもまた、わたしの作品に大きな影響を与えている。

1970年代の影響は無意識なもので、わたしはむしろ目立ちすぎるファッションは好きではない。しかし、時が経つにつれて、わたしの作品も70年代の影響を受けているという事実をやっと自覚するようになった。カジュアルでありながら、官能的な華やかさをもつ当時のスタイルが好きなのだ。フランスではイヴ・サン＝ローランやルイ・フェロー、イギリスではオジー・クラークやジーン・ミューア、アメリカではホルストンやビル・ギブといったファッションデザイナーが活躍した時代。ノーマン・パーキンソン、ヘルムート・ニュートン、ギイ・ブルダン、フランチェスコ・スカブロなどの写真家によってファッション写真が頂点を極めた時代でもある。70年代といえば、国の検閲から解放され、自由で、モダンなセクシュアリティを体現したハリウッド黄金時代の映画に登場するおしゃれな女優たちが思い起

こされる。とくにアメリカでは、洗練されたスポーツウェアからインスパイアされ、時代を超越したファッションが生まれた。

　70年代は母にとってはすばらしい時代だった、母はとくにその時代の恩恵に浴したようで、いまでもまだその影を引きずっている。わたしは何よりも、あの時代の自由さ、傲慢さ、奔放さが好きだ。お金が支配した80年代にティーンズになる前に、70年代を少しでも感じとることができたのは幸運だった。あの時代のエスプリをいつまでも懐かしく思いつづけるだろう。

SPORT

スポーツ

競技スポーツの気高さは認めるものの、正直言って、偉大なスポーツ選手に感銘を受けたことは一度もない。テニスプレーヤーのギレルモ・ビラスやビョルン・ボルグはイケメンだったと思うし、たしかに素敵なＦ１ドライバーも何人かいるが……。女性のスポーツ選手で言えば、1920年代にジャン・パトゥがデザインした服を着こなしていたテニスプレーヤーのスザンヌ・ランランや、その50年後のクリス・エバート・ロイドくらいしか思い浮かばない。細身が好きなわたしは、筋肉質な女の子を見るとなんとも複雑な気持ちになるのだ！　騎手でありながらファッションアイコンでもあったルーシー・ダグラス "C. Z." ゲストは、真のジェントルウーマンだった。この偉大な社交界の花形の天才性は、1976年に重大な落馬事故を起こしたのちの転向に現れている。彼女はニューヨーク・ポスト紙にガーデニングに関するコラムを掲載した。そして出版された最初の著書『First Garden』（未邦訳）では、彼女の友人であった写真家のセシル・ビートンが挿画を担当し、作家のトルーマン・カポーティが序文を寄せた。

　あらゆる角度から検証してみた結果、わたしは女性がスポーツとファッションを両立させるのは難しいという結論に達した。わたし自身、完璧な肉体を求めているわけではないので、スポーツとはまったく無縁の世界にいる。ジムに通ってみたこともあるが、ヨガのポーズはどれも死ぬほど退屈だった。ダンスをしようにも、わたしの家では無理！　これは男でも女でも言えることだが、努力している姿は決し

てセクシーではない。そもそも身体のメンテナンスはプライベートなことで、人に見せるものではない。食べ物を消化するのと同じで、自分以外の誰にも関係ないことなのだ。だからわたしは、食事をするときの決まり文句「ボナペティ（おいしくめしあがれ）」とか「エクセラント・デギュスタシオン（うまく消化しますように）」などは大声では言わないようにしている。スポーツはデンタルフロスのように、目立たないように行うことが大事だ。デモンストレーションに観客は必要ない。そして、ジェントルウーマンに必要なのは自然な振る舞いだけで、重労働を強いられたりするべきではないのだ。ときどき、ひとりでエレベーターに乗っているときに、片足立ちになり、もう片方の足を地面に付けたり離したりするだけでじゅうぶんである。

タウン＆カントリー誌の
表紙を飾る C. Z. ゲスト、
1957 年

STYLE DÉCONTRACTÉ

カジュアルスタイル

1 969年9月に『ラジオスコピー』というラジオ番組でELLE誌
の創始者であるエレーヌ・ラザレフが作家のジャック・シャン
セルに語った言葉とは反対に、わたしは男性が女性より優れていると
は思わない。ただし、例外がひとつだけある。それは、ファッション
における「カジュアルシック」というジャンルだ。故エリザベス女王
は、ウェールズにある屋敷で、イギリスのアウトドアブランド《バウ
ワー》のジャケットを羽織り、ゴムブーツを履き、愛犬のコーギーと
ともに「田舎風 B.C.B.G［ボンシック・ボンジャンルの略でブルジョワのおしゃれ
な暮らしを意味する］」を実践していたという。

ピクニック、ロンドンにて、
1973年
1列目：フランシーヌとカ
ロリーヌ
2列目：ヴァネッサとヘレ
ニータ

わたしはファッションデザイナーとして、長いあいだ、イブニングドレスに夢中だった。よりカジュアルなドレスを追求するわたしにとって、ロバート・レッドフォード、モーリス・ロネ、ブライアン・フェリーといった影響力のある「ミューズ」たちは重要な存在となった。とくにプレイボーイのギュンター・ザックス［ドイツの写真家。ブリジット・バルドーの元夫］のファッションには大きな影響を受けた。おろしたてのホワイトジーンズ、素足に白いローファー、少しボタンを開けすぎたシャツ。ザックスはカジュアルの真髄をスタイリッシュに体現している。

SWANS

白鳥

ア　ヴァンギャルドなミューズを目指そう。20世紀半ば、アメリカの作家トルーマン・カポーティのまわりにいた女性たちほどエレガントな集団はいなかっただろう。カポーティは「白鳥」と呼ばれる女性たちについて「金持ちに生まれたわけではないが、金持ちになるために生まれてきた女性がいる」と書いた。夫婦仲もよく、ファッショニスタで、お金の使い方も上手な女性たち。当時、最も華やかだった彼女たちは、ジェントルウーマンの原点ともいえる存在だ。

完璧なスタイルの持ち主で、ヴァレンティノやジバンシィのコレクションを買い占めていた社交界の花形のベーブ・ペイリーは、『ティファニーで朝食を』のヒロインのモデルとなった人物だ。高級品と安物のアイテムをあえていっしょにコーディネートする、ハンドバッグの持ち手にスカーフを巻き付けるといった20世紀における2つの重要なトレンドを生んだのも彼女だと言われている。ナンシー"スリム"キースは、ブロンドの髪にアスリートのようなスタイルで、カリフォルニアの「イット・ガール」の典型であった。また、カポーティに「プリンセス・ディア（僕のプリンセス）」と呼ばれたリー・ラジヴィルも、その洗練されたスタイルで1959年に「白鳥」の仲間入りをはたした。実姉はジョン・F・ケネディ元大統領のファーストレディ、ジャクリーン・ケネディ。ケネディとは反対に妻にアメリカのデザイナーの服を着ることをすすめていたが、ジャクリーンにジバンシィのドレスを着るよう助言したのはほかでもない、リー・ラジヴィルだ。イタリア・ナポリ貴族の娘で白鳥のようなすらっとした首の持ち主の

マレッラ・カラッチョロ・ディ・カスタニェートは、1953年にイタリア一の富豪で自動車会社フィアットの後継者であるプレイボーイのジャンニ・アニェッリと結婚し、幸せな夫婦生活を送った。また、メキシコの貧しい家に生まれたグロリア・ギネスは、史上最もエレガントな女性の称号を手にしたことでも有名になった。

トルーマン・カポーティ主催の「モノクロ」パーティーでのマレッラ＆ジャンニ・アニェッリ、ニューヨークにて、1966年

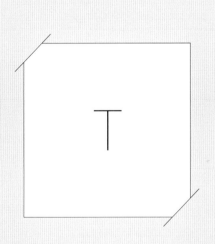

TALISMAN

お守り

わ たしは迷信を信じるタイプだ。守護や幸運や魅力をもたらす魔力を服に宿らせることでアニミズムを実践している。だから、特別な思いのこもったアクセサリーしか身につけないし、知らない人が所有しているジュエリーをつけることもない。またストーンにもこだわっていて、タイガーアイ（虎目石）をポケットやバッグに入れて歩くことも多い（タイガーアイは悪い気を払うと言われている）。

　自分のブランドのコレクションを初めてデザインしたとき、幸運をもたらす四つ葉のクローバー柄のプリント生地を選び（そのアイテムは1か月で完売した）、それがブランドを代表する柄になった。

　偉大な俳優であり、プレイボーイであり、ギャンブラーでもあったオマル・シャリーフは、勘がさえていると思ったら、何日も服を替えなかったという。彼は着ている服にパワーが宿っていると考えていたそうだ。わたしは大切にしている腕時計（義母から譲り受けたもの）を忘れて、大事なミーティングに遅刻してしまったことがある。残念ながら、それ以来、わたしはラッキーアイテムを簡単には手放せなくなってしまった……。

TWINKLE IN THE EYES

目の輝き

ジャクリーン・ビセット。彼女の瞳のなかのきらめきは、自撮り用のリングライトのおかげではない

目が美しくても、まなざしが美しくなくては意味がない。わたしは、内側から放たれる光が瞳の輝きに表れているような、「twinkle in the eyes（瞳を輝かせながら）」という英語の表現が好きだ。瞳の輝きは、年齢を経てたとえ体力が追いつかなくなったとしても、人生を完全にあきらめたわけではないということを表している。自分でもコントロールできないくらい些細なことかもしれないが、いくつかの特別なシチュエーションでいっそう光り輝くことができるだろう。

　瞳の輝きを殺してしまうようなボトックス注射はしないほうがいい。クリント・イーストウッドのように、強さや深みのある印象を与えるために目を細める必要などないのだ。そんなことをしてもおかしな人と思われるのがオチだ。それよりも、顔のうしろから光が当たると瞳が輝いて見えるのは興味深い。まわりが薄暗いと、瞳孔が大きくなり、より瞳の輝きが増すことは知っておいたほうがいい（光が明るすぎると瞳孔が収縮してしまうので、逆効果である）。それはまた、薄暗いレストランがロマンチックな雰囲気に感じられる理由のひとつでもある。それぞれの瞳にちょうどよく光が当たるようにするには、キャンドルライトを使うのがいちばんだ。

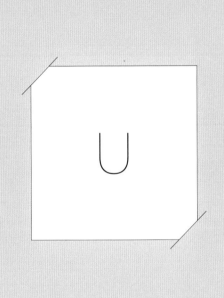

UNDERSTATEMENT

控えめな表現

控えめな表現の達人：コロンボ刑事役のピーター・フォーク

わたしは、自分の実力や立場を過小評価して、時に誤解を招いてしまうほど控えめなイギリス流の表現の仕方が好きだ。イギリスの名エッセイスト、ラルフ・ワルド・エマーソンは「偉大な人間は、いつでも小さくなることができる」と述べた。ジェントルウーマンも同じだ。また、自分の強みなどの切り札をあえて最小限しか見せないことで、隠れていた本当の強さを見せたときに相手により大きなインパクトを与えることができるのだ。たとえば、ナポレオン一世の姪っ子であるマチルド王女は、「わたしには元軍人の伯父がいるのですけれど……」と言っていたという。

ファッションに関していえば、「控えめ」でいるには特殊な能力が必要である。ボロボロのトレンチコートを着たピーター・フォーク演じるコロンボ刑事の、あえてだらしなく見せるスタイルを想像してみてほしい（できれば葉巻の吸殻は忘れて）。念入りにつくりあげたこの外見のおかげで、たいていの敵は油断し、コロンボはいつも優位に立つことができる。難しい局面でも敏腕刑事として捜査をそっと進展させるには、少し同情を買うぐらいの古着がちょうどいいのだ。

UNIFORME

ユニフォーム

わたしは制服が好きだ。いままでいくつもの学校に通い、幼いころからずっと制服を着つづけてきた。のちにデザイナーとしての想像力に役立つことになるなんて思いもせず、重荷のような気持ちで制服を着ていたころもあるが、いまでは制服のもつある種の厳格さに魅了されている。たとえば、ネクタイにブレザーをコーディネートすると、いい感じにカチッとした印象になる（イギリスでは小学校のときからこの格好をさせられる！）。また、みんなで同じ制服を着ることで、むしろ一人ひとりの個性が目立つという効果もある。

　わたしは、早くから自分で買える以上のファッションに興味をもち、制服をおしゃれに見せようと必死だった。デボラ・ハリーやデヴィッド・ボウイに触発され、アルゼンチンやフランス、アメリカの海軍パンツやマリニエール（ボーダーのシャツ）、ヴァルーズ（ネックが深く大きく開いたシャツ）をよく合わせていた。

　自分のために制服をデザインしたこともある。それは、ジョージア・オキーフが晩年に着ていたオールデニムのファッションと彼女自身にインスパイアされたものだ。気がつくとわたしはしょっちゅう同じものを制服のように着ている。制服のエスプリを再認識するようなワードローブをつくりあげることで、ファッションデザイナーとしてのわたしの個性を押し出すのが好きなのだ。

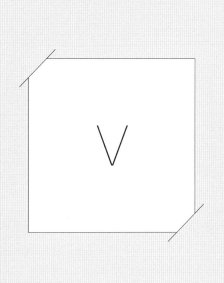

VALISE

スーツケース

ハードタイプか、ソフトタイプか、仕切りがあるか、籐製か、マチがあるか、箱型か、最新のポリカーボネート製か。スーツケースにもいろいろあるが、大事なのはその中身。「外交的」なバッグであるスーツケースは、「誰のために装うのか」という点が重要になってくる。男性に招かれたときと女性に招かれたときでは、スーツケースに詰める服が変わってくる。その服を見る視線も、その服の目的も違うのだ。ディテールやブランドにこだわらない男性といっしょ

ならよりリラックスできる。そういう男性は、あなたの雰囲気やあふれ出る自信が好きなのであって、あなたの外見についてはあれこれ思ったりしないものだ。服のブランドは関係ない。だから、自分のクローゼットのなかから自分が着やすいと感じるもの、自分に合った服を選ぶといいだろう。

　女性に会うときは、良質の服をもっていこう。女性は男性よりもずっと相手を見ているので、ファッションでマウントをとりがちだ。フランスの作家ポール・モランは、「女性はほかの女性を困らせるためにしか服を着ない」と言い切っている。女性たちは互いが身につけているブランド品や希少品を見定める。そこで相手を感心させるためには、とても人気があって、しかも誰もが認めるものを選ぶとうまくいく。たとえば、手に入らなくなったヴィンテージ品などをさりげなく身につけるとよい。一見、変わって見えるものでも、「知る人ぞ知る」アイテムが効果的だ。ただし、多くの男性にとっては、こういう選び方は非生産的にしか見えないかもしれないのでご注意を！

VINTAGE

ヴィンテージ

「チ」ープ＆シック」をスタイリッシュに着こなして、「ファスト
ファッション」を忘れよう。年齢によっては古着屋やフリー
マーケットでしか「チープ＆シック」を手に入れられないかもしれな
い。でもきっと、本物のブランド品を見分けるよい機会になるはずだ。

わたしが初めて購入したヴィンテージ品については、
〈COLLECTION　コレクション〉の項ですでに書いた。だから、こ
こではヴィンテージ品の落とし穴について語ろうと思う。まず、ユー
ズドの靴はなるべく買わないほうがいい。衛生的によくないし、何よ
りすでに他人の足の形になっているので自分の足には合わない場合が
多い。つぎに、きつい臭いがついた衣類は、生地がダメになっている
可能性があるので要注意。いわばワインのコレクターと同じで、長持
ちしない合成繊維やラテックス、ライクラ生地［伸縮性のあるポリウレタン
繊維］のアイテムはできるだけ避けよう。

それ以外なら、スポーツウェアも含めどんなアイテムでユーズドを
選んでOK。また、個性の強いヴィンテージ品を購入するときは、タ
イムレスなアイテムとの合わせ方を知っておくといいだろう。その場
合は、少し高級なものをあえて着くずすことで気取った感じをなくす
とよい。

仮装パーティーのような格好になりたくないのなら、ここ10年で
流行ったものだけでコーディネートするのはやめて、ヴィンテージを
うまく使いこなせるようになろう。わたしは長いあいだ、たとえサイ
ズが小さくても、丈が少し短くても、1930〜40年代のヴィンテージ

ドレスを好んで着ていた。ありがたいことに、カール・ラガーフェルドがこの時代のアイテムを見つけるたび、わたしに譲ってくれた時期があったのだ。その道に精通している人の親切は、ためらわず受け取っておこう。わたしは70年代に目がないという話をしたが、その時代にディオールでモデルをしていた人から当時のすばらしいアイテムをいただいたこともある。ただし、50年代の服はバスト部分が大げさにつくられているため、古くさく感じられるものが多い。80年代の行きすぎたスタイルと映画『ワーキング・ガール』のような服も同様だ。個人的には、90年代に流行った穏やかでメッセージ性の薄い服のほうが、長く使えそうで好きだ。

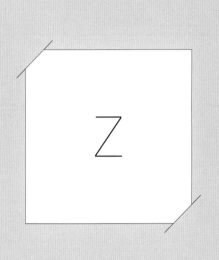

ZEITGEIST

時代の精神

こ れまで、ジェントルウーマンとはなんたるかを書いてきた。これを読んだあなたが、ちょっと笑いながら、「時代の精神」と闘っているのは自分ひとりではないと思ってくれることを願っている。ジェントルウーマンは決して近寄りがたい存在ではない。むしろ親しみやすく、思いやりがあって親切な女性たちだ。見かけによらず、彼女たちの自由さとその息づかいは、どんな人の弱点も受け入れ、ものごとの表面ではなくさらに深いところにいざなってくれる。歌手で小説家のレナード・コーエンもこう言っているではないか。「どこにでも亀裂はあるが、それを通してこそ光が差しこむ」

『ジョーとその愛人』ヴァネッサ作、
キャンバス、油彩画、2021 年

謝　辞

　このプロジェクトのあいだ、わたしを信じてサポート
してくれたヴェロニク・カルディ、熱意をもって支えて
くれたクララ・デュポン＝モノ、ウィットに富んだ知恵
と視点を与えてくれたマティアス・デビューロー、その
審美眼でわたしを支えてくれたフィリップ・デュカ、見
事に舵を取りつづけてくれたベランジェール・ボワに感
謝したい。また、わたしの人生を彩ってくれた写真家
やアーティストたち、挿画を担当してくれたエミリー・
コーベル、力とアイデアを与えてくれ、粘り強く支えつ
づけてくれた夫のベルトラン、わたしを信頼してくれた
ジャクリーヌ、いつもわたしを安心させ、鼓舞してくれ
るナタリー・デイヴィッド＝ワイル、そして、わたし
が尊敬するジェントルウーマンたちに感謝を送りたい。

画像クレジット

Imprimé Trèfles © Synergies Paris

P 14　© Vanessa par Florence Deygas

P 16　© Decca

P 18　© Archives famille Wolfsohn

P 20　DR

P 24　DR

P 31　© Albertson, Jeff. Ike and Tina
　　　Turner Revue at the Boston Arena :
　　　Tina Turner performing, October 2,
　　　1970. Jeff Albertson Photograph
　　　Collection (PH 57). Special
　　　Collections and University
　　　Archives,
　　　University of Massachusetts
　　　Amherst Libraries

P 32　© Filipe da Rocha

P 33　Collection particulière Vanessa
　　　Seward

P 44　Collection particulière Vanessa
　　　Seward

P 45　Collection particulière Vanessa
　　　Seward

P 46　Collection particulière Vanessa
　　　Seward

P 47　Collection particulière Vanessa
　　　Seward

P 53　DR

P 61　DR

P 64　DR

P 73　Collection particulière Vanessa
　　　Seward

P 78　Collection particulière Vanessa
　　　Seward

P 79　© The diplomatist

P 80　Collection particulière Vanessa
　　　Seward

P 82　DR

P 85　© Studio Photo Paramount

P 96　Sexy en chaussettes par Vanessa,
　　　2021,
　　　collection particulière Vanessa
　　　Seward

P 99　Collection particulière Vanessa
　　　Seward

P 100　Collection particulière Vanessa
　　　Seward

P 101　Collection particulière Vanessa
　　　Seward

P 102　Collection particulière Vanessa
　　　Seward

P 105　Collection particulière Vanessa
　　　Seward

P 111　©Jayne Fincher/Princess Diana
　　　Archive/
　　　Hulton Royals Collection/Getty
　　　Images

P 112　Catherine Deneuve par Jacqueline
　　　Burgalat, 2021,
　　　collection particulière Vanessa
　　　Seward

P 115　Collection particulière Vanessa
　　　Seward

【著者紹介】

ヴァネッサ・スワード（Vanessa Seward）

◉——1969年、アルゼンチン・ブエノスアイレスで生まれる。ロンドンで育ち、12歳のときに母親とパリに移り住む。カール・ラガーフェルド率いるシャネルでファッションデザイナーとして9年間働いたのち、イヴ・サン＝ローランのトム・フォードのもとで2年間キャリアを積み、アザロに移籍。2012年にA.P.C.とデザイナー契約、2014年には自身のブランドの立ち上げに成功する。彼女のデザインは世界中で支持され、ナタリー・ポートマンやニコール・キッドマンなどのハリウッドセレブからの評価も高い。現在は、画家としても活躍している。

山本 萌（やまもと・もえ）

◉——日本大学大学院芸術学研究科博士前期課程修了。訳書に『BILLIE EILISH ビリー・アイリッシュのすべて』（共訳、大和書房）『さわれる まなべる いきもののあかちゃん』『ペタッとくっつく！マグネットえほん きょうりゅうだいしゅうごう！』（以上、パイ インターナショナル）がある。

ジェントルウーマン　しなやかな強さをつくるAtoZ

2024年1月22日　　第1刷発行

著　者——ヴァネッサ・スワード
訳　者——山本　萌
発行者——齊藤　龍男
発行所——株式会社かんき出版
　　　　　東京都千代田区麹町4-1-4 西脇ビル　〒102-0083
　　　　　電話　営業部：03(3262)8011代　編集部：03(3262)8012代
　　　　　FAX　03(3234)4421　　　　　振替　00100-2-62304
　　　　　https://kanki-pub.co.jp/

印刷所——シナノ書籍印刷株式会社